아무나 쉽게 성공하는
인스타그램 마케팅

아무나 쉽게 성공하는
인스타그램 마케팅

황규진 지음

일에일북

지은이의 말

여전히 유효한 인스타그램 마케팅

　인스타그램은 여전히 가장 강력한 마케팅 플랫폼이다. 그리고 지금 이 책을 펼친 당신도, 어쩌면 그 변화의 가장 가까운 곳에 서 있는 사람일지 모른다.

　나는 2010년, 스마트폰과 함께 세상에 나온 인스타그램을 누구보다 먼저 시작했다. 딸이 태어난 해, 아이 사진을 올리던 평범한 개인 계정이 어느새 '서울을 대표하는 계정'이 되었고, @seoul_korea라는 이름으로 지금까지도 전 세계 사람들과 서울의 매력을 나누고 있다.

　인스타그램을 시작한 지 어느덧 10년이 훌쩍 지났다. 그 사이 수많은 기능이 생기고, 사라졌다. 릴스가 등장했고, 스토리와 DM, 링크

기능까지 생기면서 단순한 '사진 앱'이었던 인스타그램은 브랜드와 사람을 연결하는 유일한 공간이 되었다. 나는 수십 개의 계정을 직접 운영하며 수많은 실험을 했고, 브랜드, 자영업자, 크리에이터, 수강생들과 함께 성장해왔다.

그리고 그 과정에서 하나의 확신이 생겼다.
인스타그램은 기술이 아니라 태도다.

많은 사람들이 "어떤 해시태그가 좋아요?", "광고 예산은 얼마가 적당해요?"라고 묻는다.

　하지만 중요한 건 기술보다 태도다. 꾸준히 관찰하고, 실험하고, 배우고, 개선하는 태도. 한 장의 사진 속에 담긴 브랜드의 진심. 소비자가 아닌 사람으로 마주하는 그 '감도' 말이다.

　이 책은 퍼스널 브랜딩을 꿈꾸는 사람, 매일 고객을 마주하는 자영업자, 브랜드의 존재감을 키우고 싶은 대표, 그리고 인스타그램을 통해 무언가를 바꾸고 싶은 사람을 위해 썼다. 현장에서 부딪히며 쌓인 경험, 수많은 실패 속에서 길어올린 전략, 알고리즘에 휘둘리지 않고 쌓아온 감각을 가능한 구체적으로 담았다.
　처음 인스타그램을 시작했을 때 막막했던 마음을 안다.

팔로워 숫자만 늘리다 길을 잃은 사람도, 콘텐츠를 매일 올리면서도 반응이 없어 고민했던 사람도 많이 봤다. 그럴 때마다 자주 하는 말이 있다.

"일단, 해보자. 단, 방향만은 제대로 잡고."
이 책이 그 방향을 잡아주는 나침반이 되었으면 한다.

'인스타그램을 가장 오래, 가장 깊게 바라본 사람' 중 한 명으로서
황캡틴 **황규진**

목차

지은이의 말 **여전히 유효한 인스타그램 마케팅** 4

PART 1
성공적인 인스타그램 마케팅 사례

인스타그램 마케팅은 유효한가? **15**
기업 인스타그램의 위트, 신세계백화점 공식계정 **18**
제품의 소구점을 센스 있게 풀어낸 더비랩 공식 인스타그램 **23**
숙박업 계정 운영의 정석 삼박한집 **26**
지역 기반 오프라인 콘텐츠 비즈니스 성수주민폴씨 **30**
3대째 반건조생선 대표, 크리에이터가 되다! 명정어가와 훈민정식 **34**
짧고 강렬한 숏폼의 매력, 숏폼 콘텐츠 최적화 성공 공식 꿈미홈트 **38**
'사장님들의 선생님' 커뮤니티 성공 사례 **42**

PART 2
인스타그램 쉽게 시작하기

인스타그램이란 무엇인가?　49
발견하는 플랫폼으로서의 인스타그램　55
인스타그램 계정에도 종류가 있다?　58
인스타그램 알고리즘 이해하기　66
자신만의 콘셉트를 정해 페르소나 설정하기　78
인스타그램의 시작: 계정 가입 후 첫 콘텐츠 올리기　85
초기에 팔로워를 늘리는 5가지 전략　91
결국 콘텐츠, 그리고 소통이 답이다　95
인스타그램을 고객 관리에 활용하는 방법　102

PART 3
특별한 인스타그램 마케팅 시작하기

성공 사례에서 배우는 벤치마킹의 정석　111
아이디와 태그를 선점하라　117
검색에 유리한 매력적인 프로필 만들기　124
같은 콘셉트의 콘텐츠를 업로드하라　128
팔로워 수에 목숨 걸지 말자　132
인플루언서란 무엇인가　135
인플루언서 플랫폼은 무엇인가　138

PART 4
성공으로 이어지는 좋은 콘텐츠 만들기

좋은 콘텐츠란 무엇인가? **147**

세로 콘텐츠에 주목하라 **152**

스마트폰으로도 사진과 영상 잘 찍는 법 **156**

작지만 중요한 인스타그램 글쓰기 **163**

하나의 콘텐츠를 다양한 형태로 OSMU 전략 **175**

인스타그램 스토리 어떻게 활용할까? **179**

인스타그램 동영상 활용하기: 릴스를 중심으로 **186**

동영상 편집 앱 비교하기 **201**

PART 5
성공을 부르는 인스타그램 실험실

팔로워 늘리기 프로그램, 정말 효과 있을까?   209
상위노출 실험 '좋아요' vs. '댓글 + 맞댓글'   211
인스타그램 실험실 해시태그와 포스팅 시간   215

부록

2025년 최신 인스타그램 트렌드와 기능 업데이트   220
인스타그램 마케팅 참고 자료 및 추천 도구   225

PART 1
성공적인 인스타그램 마케팅 사례

인스타그램 마케팅은 유효한가?

스마트폰의 탄생

아이폰의 등장과 스마트폰의 눈부신 발전으로 우리의 삶은 아주 많이 바뀌었다. 아침에 스마트폰 알람 소리에 일어나 TV 뉴스나 신문 대신 스마트폰으로 날씨를 확인한다. 스마트폰으로 버스 애플리케이션(이하 앱)을 확인한 후 집 앞 정류장에 버스가 올 시간을 계산해 시간 맞춰 출근을 한다. 출근길에는 스마트폰으로 음악을 듣고 포털사이트를 보며 그날의 뉴스와 이슈를 확인한다. 퇴근 후에는 회식을 위해 네이버나 인스타그램에서 근처 맛집을 검색하고, 동료들과 스마트폰으로 사진을 찍으며 실시간으로 SNS에 공유한다. 회식이 끝난 후에는 앱을 이용해 택시를 예약하거나 대리기사를 부른다.

주말이 되면 가족들과 여행하기 위해 앱으로 숙소를 예약한다. 스마트폰 내비게이션의 안내를 받으며 실시간으로 막히는 길을 피해서 목적지까지 운전해 간다. 중간중간 스마트폰으로 여행의 추억을 사진으로 남기고 SNS에 올려 자랑한다. 여행을 하면서도 회사의 급한 업무는 웬만하면 스마트폰 하나로 처리가 가능하며 송금 또한 자유로워졌다. 스마트폰으로 그 자리에서 현장 결제까지 되는 세상이다.

스마트폰의 출현과 발전은 그야말로 우리의 생활 곳곳에 숨어들었고 우리도 모르는 사이 삶을 조금씩, 그러나 아주 많이 바꿔놓았다. 텍스트 중심에서 이미지와 영상 중심으로 콘텐츠 형태가 변했음은 어느 누구도 부인하지 못할 것이다.

스마트폰이 바꿔놓은 트렌드와 1인 미디어 시대

이제 콘텐츠의 공유는 스마트폰의 특성상 실시간으로 이루어진다. 트위터(현 X)가 한창 유행하던 시기에는 지구 반대편에서 일어난 사건과 이슈가 포털의 뉴스보다 더 빨리 트위터에서 리트윗(RT)되며 전 세계 유저에게 퍼져나갔다. 필자 역시 트위터 사용 시기에 사건 사고를 뉴스가 아닌 트위터에서 먼저 인지한 경우가 꽤 많았다. 과거에는 집회 등의 이슈를 편집된 뉴스를 통해 어느 한쪽의 입장만 볼 수 있었지만, 이제는 '개인의 스마트폰 SNS 공유 확산'이라는 과정을 거치며 국민 개개인이 사건 사고의 양면을 다 들여다보고 판단할 수 있게 되었다.

스마트폰이라는 작은 기기 하나로 인해 전 세계 모든 사람이 기자가 되고 앵커가 되고 라디오 DJ가 되며, 사진작가가 되고 또는 연예인에 버금가는 셀럽이 되기도 하는 1인 미디어의 시대가 되었다. 이러한 1인 미디어 시대, 이미지 중심의 시대를 관통하고 있는 SNS 채널이 인스타그램이라고 할 수 있겠다.

인스타그램은 단순한 사진 공유 플랫폼을 넘어 브랜드 마케팅의 핵심 채널로 자리 잡았다. 기업뿐만 아니라 개인 브랜드도 인스타그램을 통해 폭발적인 성장을 이루고 있다. 다양한 업종에서 인스타그램을 활용해 성공한 사례들을 살펴보며, 그들의 전략과 접근 방식을 이해하는 것이 중요하다.

기업 인스타그램의 위트, 신세계백화점 공식계정
@only_shinsegae

    신세계백화점은 2024년 크리스마스 시즌을 맞아 파격적이고 창의적인 인스타그램 마케팅 전략을 펼쳤다. 기존의 단순한 홍보가 아닌 스토리텔링과 소비자 참여를 중심으로 한 캠페인을 진행하며 큰 성공을 거두었다.

    그 시작은 스토리텔링 기반의 계정 장악 이벤트였다. 신세계백화점은 '산타클로스가 신세계 인스타그램 계정을 해킹했다'라는 독특한 콘셉트로 시작했다. 이어 다음의 과정을 거쳤다.

- 계정 초기화: 2024년 11월 26일, 기존 게시물을 모두 삭제하고, 산타클로스가 계정을 장악한 듯한 게시물을 올리기 시작했다.

- 유머러스한 스토리 전개: 서툰 한국어로 자신을 소개한 산타는 한국 문화를 체험하는 다양한 게시물을 연달아 올렸다. 예를 들어 인생네컷 촬영, 순댓국과 소주를 즐기는 모습, 지하철 탑승 등 일상적인 에피소드가 유머와 공감을 자아냈다.
- 경쟁사 팔로우 전략: 신세계 계열사 계정을 언팔로우하고 경쟁사인 현대백화점과 롯데백화점만을 팔로우하며 위트 있는 마케팅을 선보였다.

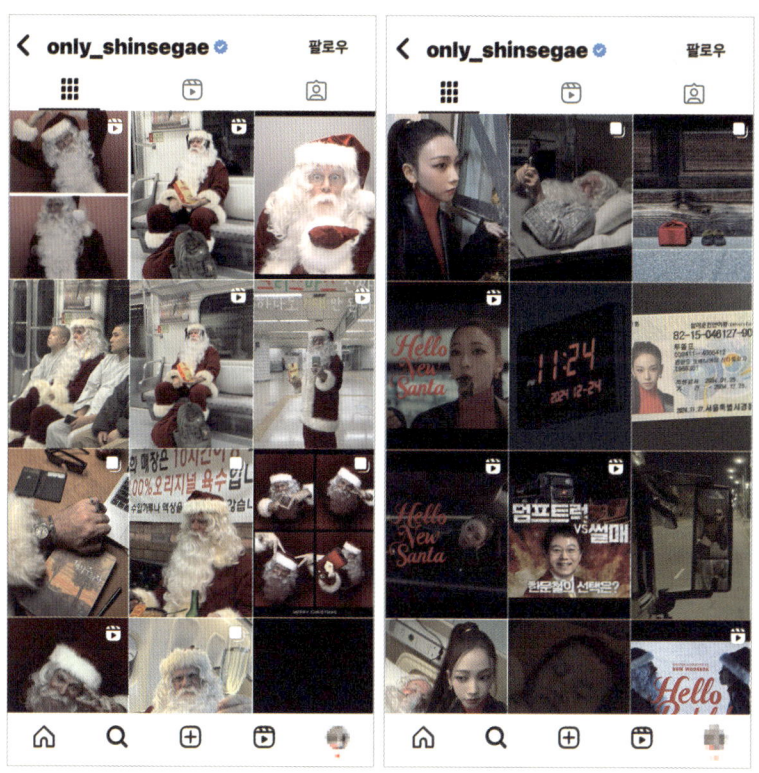

- 신세계 백화점 크리스마스 시즌 마케팅

그러다 12월 1일, '핸들이 고장난 8톤 트럭'이라는 티저 영상 속에서 산타가 교통사고로 인해 중환자실에 입원하게 되면서 이야기는 새로운 전개를 맞이했다. 이 사고를 계기로, 새로운 산타로 에스파의 카리나가 등장한다. 카리나는 "제가 크리스마스 선물 배달에 문제없도록 책임질 테니 어린이 여러분은 걱정하지 마세요."라는 메시지로 하며 스토리의 흐름을 자연스럽게 전환했다. 이후 카리나는 신세계백화점 인스타그램 계정을 통해 다양한 콘텐츠를 공유하며 팔로워들과 적극적으로 소통했다.

이번 캠페인을 통해 신세계백화점 인스타그램 계정은 놀라운 성과를 거두었다. 캠페인 시작 후 9일 만에 팔로워 수가 5만 명 이상 급증하면서, 경쟁사인 롯데백화점의 팔로워 수를 앞질렀다. 소비자들 역시 "다음 편이 기대된다", "마케팅 잘한다", "카리나로 연결되는 빌드업이

• 유튜브에서도 활발히 공유된 크리스마스 시즌 영상

대박" 등 긍정적인 반응을 보이며 댓글과 공유가 이어졌다. 예상치 못한 전개와 독창적인 스토리텔링은 캠페인의 화제성을 높였으며, 폭발적인 바이럴 효과를 거두었다.

이러한 성공의 배경에는 몇 가지 주요 요인이 있었다.

- 스토리텔링과 소비자 참여 유도: 단순한 광고가 아닌 스토리텔링을 통해 소비자들이 스토리에 몰입하고 다음 전개를 기대하게 만들었다.
- 인플루언서와의 협업: 에스파 카리나를 새로운 산타로 등장시키며 MZ세대의 관심을 집중시켰다.
- 플랫폼 특성 최적화: 인스타그램의 릴스, 스토리, 게시물을 적절히 활용해 팔로워들과 적극 소통하고 참여를 극대화했다.

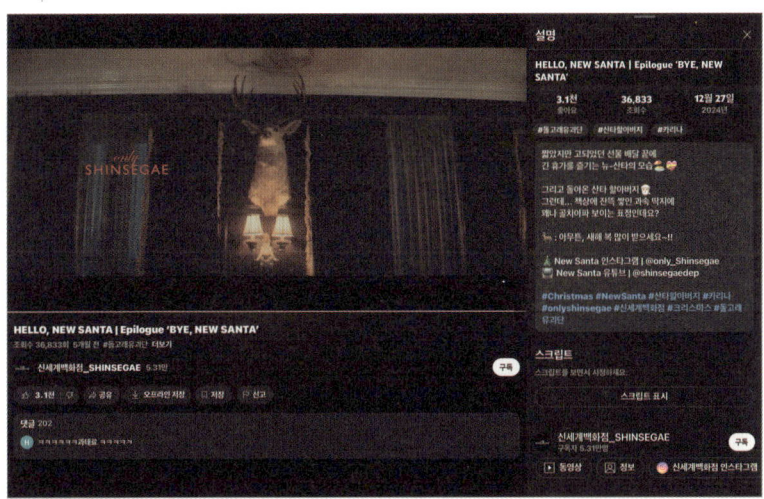

- 유튜브에 올라온 크리스마스 에필로그 영상

이번 캠페인은 대담한 스토리텔링이 소비자의 호기심과 참여를 이끌어낼 수 있다는 점을 보여준다. 또한 예측할 수 없는 전개와 인플루언서의 적절한 활용이 자연스럽게 팔로워를 모으는 효과적인 전략이 될 수 있음을 입증했다. 무엇보다 플랫폼에 최적화된 콘텐츠 기획과 팔로워와의 지속적인 상호작용이 캠페인의 성공을 견인했다.

신세계백화점의 이번 크리스마스 시즌 인스타그램 캠페인은 스토리텔링, 소비자 참여, 인플루언서 협업이라는 3박자를 완벽히 갖춘 성공적인 마케팅 사례다. 단순한 홍보를 넘어 소비자에게 특별한 경험을 제공한 점이 주효했다. 브랜드 스토리텔링과 참여형 마케팅을 고민하는 모든 마케터에게 중요한 인사이트를 제공한다.

제품의 소구점을
센스 있게 풀어낸
더비랩 공식 인스타그램
@theblab_official

    더비랩은 독특한 제품 디자인과 감각적인 마케팅으로 주목받는 브랜드다. 특히 인스타그램을 통해 제품의 특징과 가치를 효과적으로 전달하고 있으며, 팔로워와 적극적인 소통하면서 고객들의 브랜드에 대한 충성도를 높이고 있다.

    눈에 띄는 점은 일관된 비주얼 아이덴티티다. 더비랩은 인스타그램 피드 전체에 통일된 색감과 디자인을 적용해 브랜드 정체성을 확고히 구축하고 있다. 이런 일관된 비주얼 아이덴티티는 팔로워들이 브랜드를 쉽게 인지하고 기억하게 만든다.

    또한 시그니처 컬러와 디자인 요소를 지속적으로 활용해 피드의 조화를 이루고, 전문적이고 신뢰감 있는 이미지를 전달한다. 여기에 제품 사진뿐만 아니라 제품이 사용되는 일상적인 장면을 함께 보여주는 콘텐츠를 게시해 팔로워들이 제품을 더욱 친근하게 느끼도록 한다.

　사용자 생성 콘텐츠(UGC)의 활용도 더비랩 인스타그램 콘텐츠 핵심 중 하나다. 고객들이 제품 사용 후기를 '#더비랩' 해시태그와 함께 공유하도록 유도하고, 이를 공식 계정에서 리그램해 브랜드 신뢰도를 높이고 있다. 실제 사용자의 경험이 담긴 콘텐츠는 잠재 고객의 신뢰

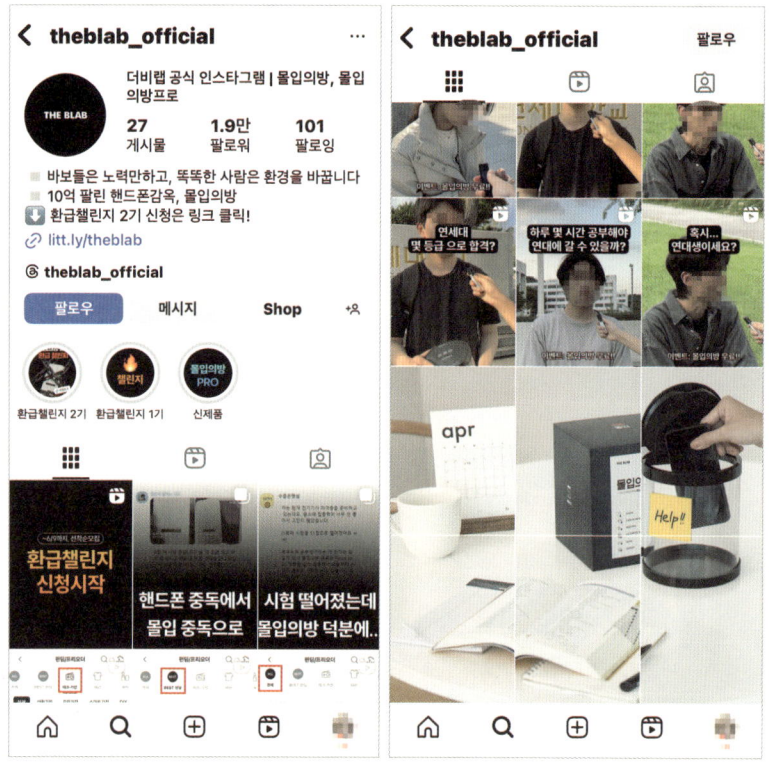

- 인스타그램 더비랩(@theblab_official)

를 끌어내는 데 효과적이다. 또 긍정적인 후기를 리그램해 제품의 효능과 만족도를 강조하며 자연스러운 바이럴을 유도한다. 여기에 특정 해시태그를 사용한 캠페인을 통해 팔로워들이 자발적으로 콘텐츠를 제작하고 공유하는 문화도 만들었다.

또한 팔로워 참여를 유도하는 다양한 프로모션과 이벤트 역시 브랜드와의 유대감을 강화하는 중요한 전략이다. 더비랩은 정기적으로 이벤트를 개최하는데, 댓글 참여 이벤트를 통해 추첨을 진행하거나, 스토리를 통해 실시간으로 소통하며 팔로워들과의 즉각적인 반응을 이끌어낸다. 이러한 접근은 팔로워들의 관심을 끌고, 브랜드에 대한 충성심을 높이는 데 긍정적인 영향을 준다.

더비랩은 브랜드 정체성을 일관되게 유지하면서도 소비자 참여를 자연스럽게 이끌어내는 전략으로 성공적인 인스타그램 마케팅을 하고 있다. 이와 같은 사례는 브랜드 아이덴티티 강화와 팔로워와의 소통을 고민하는 마케터에게 좋은 인사이트를 제공한다.

숙박업 계정 운영의 정석
삼박한집

@sambakhanzip

　삼박한집은 전통 한옥이 아닌 현대적인 감성의 하이엔드 펜션으로, 강원도 고성의 자연환경과 로컬 콘텐츠를 결합한 차별화된 숙박 경험을 제공한다. 특히 인스타그램을 통해 감각적인 비주얼과 지역 문화를 접목한 콘텐츠 전략으로 주목받고 있다.

　무엇보다 삼박한집은 공간의 매력을 극대화하는 콘텐츠를 통해 브랜드 이미지를 구축했다. 자연광을 활용한 감각적인 사진과 세련된 인테리어는 피드에 통일감을 부여한다. 단순한 객실 사진이 아닌 숙소에서 즐길 수 있는 다양한 활동, 예를 들어 차 마시기, 책 읽기, 산책 등을 담아 감성적인 브랜딩을 강화하고 있다. 이러한 경험 중심 콘텐츠는 단순한 숙박 공간이 아닌 하나의 라이프스타일 공간으로서 삼박한집을 인식하게 만든다.

또한 삼박한집은 지역 경험을 콘텐츠화한다. 주변의 감각적인 카페나 맛집, 문화 공간을 소개하며, 삼박한집에서의 체류를 숙박을 넘어 하나의 여행 경험으로 확장하고 있다. 여기에 지역 전통차 체험 프로그램이나 계절에 따라 벚꽃 시즌, 가을 단풍 명소 투어 같은 이벤트를 기획해 방문객의 흥미를 유도한다.

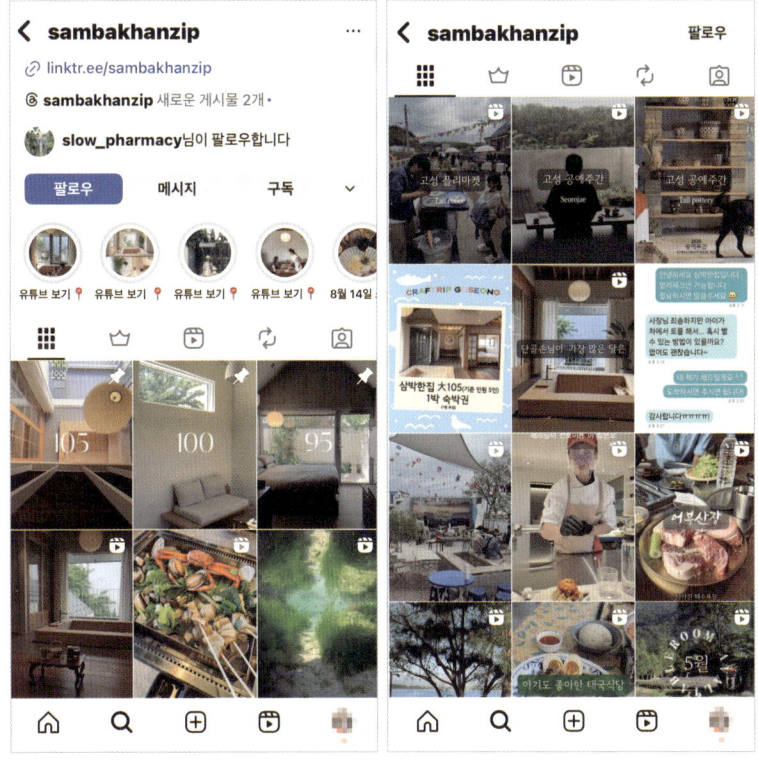

• 인스타그램 삼박한집(@sambakhanzip)

삼박한집은 고객 후기와 체험 콘텐츠를 적극적으로 활용한다. 실제 고객의 후기를 리그램하며 브랜드에 대한 신뢰도를 높이고, '#삼박한집후기' 해시태그를 통해 고객 참여를 유도함으로써 자연스러운 입소문을 만들고 있다. 이를 통해 팔로워와의 소통은 물론, 실질적인 방문 전환까지 이어지는 효과를 보고 있다.

마지막으로, 삼박한집은 스토리텔링이 담긴 피드를 통해 전통과

- 팔로워의 참여를 높이는 숙박 이벤트, Q&A 형식으로 브랜드 스토리를 전하는 삼박한집(@sambakhanzip)

현대가 공존하는 공간으로서의 브랜드 아이덴티티를 구축하고 있다. 건축 스토리와 디자인 철학을 소개하며 숙소 자체의 철학을 전달하고, 창호지 문 너머로 펼쳐지는 사계절의 변화를 시각적으로 담아내며 공간의 변주와 시간의 흐름을 콘텐츠로 활용한다.

삼박한집은 현대적인 감성과 지역 문화를 결합한 콘텐츠 전략으로 성공적인 인스타그램 마케팅을 하고 있다. 단순한 숙박 홍보가 아닌 경험 중심의 스토리텔링으로 브랜드 가치를 전달하는 점이 주효하다. 이와 같은 사례는 로컬 콘텐츠와 감성 마케팅을 고민하는 마케터에게 유용한 인사이트를 제공한다.

지역 기반
오프라인 콘텐츠 비즈니스
성수주민폴씨

@paulseee

　폴씨는 성수동을 중심으로 다양한 팝업 행사와 이벤트를 기획하고 홍보하는 계정이다. 지역 기반 오프라인 콘텐츠 비즈니스의 대표적인 성공 사례다. 폴씨는 성수동에서 열리는 다양한 팝업스토어, 전시, 행사 정보를 한데 모아 팔로워들에게 신속하게 전달함으로써 성수동이 트렌드의 중심지로 자리 잡는 데 기여하고 있다.

　폴씨는 단순한 정보 제공에 그치지 않고, 직접 팝업스토어를 기획하거나 브랜드와 협업해 행사를 운영하기도 한다. 이를 통해 인스타그램이 오프라인 이벤트의 핵심 홍보 채널로 활용될 수 있음을 보여준다.

특히 다양한 브랜드가 성수동에서 팝업스토어를 운영할 수 있도록 공간을 연결하고, 효과적인 홍보 전략을 제시하는 등 브랜드와 공간 간의 시너지를 창출하는 플랫폼 역할까지 한다. 폴씨는 단순한 홍보 계정을 넘어 브랜드, 소비자, 공간을 연결하는 플랫폼으로 자리 잡은 셈이다.

또한 실시간 소통 역시 폴씨 계정의 강점이다. 팝업스토어나 이벤

• 인스타그램 성수주민폴씨(@paulseee)

트에 대한 팔로워들의 관심을 유도하기 위해 팔로워들의 피드백을 반영하며, 행사 현장을 중계하거나 방문 후기를 공유하는 등의 방식으로 소통한다. 이를 통해 팔로워들이 새로운 팝업 정보를 얻기 위해 가장 먼저 폴씨 계정을 찾게 만들고 있다.

스토리와 릴스를 활용한 현장감 있는 콘텐츠를 제공하는 점도 인상적이다. 단순히 행사 정보를 공유하는 것에 그치지 않고, 실제 행사 현장을 생생하게 기록해 팔로워들이 마치 현장을 직접 방문한 듯한

- 성수주민폴씨(@paulseee). '성수동 길거리 소식' 콘텐츠는 지역 기반의 정체성을 확실하게 보여준다.

경험을 할 수 있도록 돕는다.

아울러 단순 정보 제공을 넘어서 어떤 브랜드와 팝업스토어가 주목받고 있는지를 분석해 트렌드 리포트 형식의 콘텐츠로 제공하는데, 이는 향후 마케팅을 계획하는 브랜드에게도 유용하다.

이러한 전략을 통해 폴씨는 단순한 행사 홍보 계정을 넘어서, 성수동을 중심으로 한 지역 기반 콘텐츠 마케팅의 성공적인 사례로 자리 잡았다. 인스타그램을 활용해 오프라인 이벤트를 성공적으로 홍보하는 방법을 고민하는 브랜드들에게 좋은 벤치마킹 사례가 될 수 있다.

3대째 반건조생선 대표, 크리에이터가 되다! 명정어가와 훈민정식

@mjseafood.1964, @hxxn.cook

생선 건조의 명소로 잘 알려진 강원도 동해시 묵호항 인근의 덕장 1길. 이곳에서 1964년부터 3대째 반건조 생선 가업을 이어오고 있는 '명정어가'는 전통을 현대적으로 재해석하며 성공적인 인스타그램 마케팅을 펼치고 있다.

명정어가의 대표 장훈민 씨는 다양한 이력을 거쳐 2019년 고향으로 돌아와 가업을 이어받았다. 부모님의 이름에서 한 글자씩을 따 '명정어가'라는 브랜드를 새롭게 만들었다. 포장 디자인과 상세한 제품 설명서를 통해 제품에 대한 전문성과 신뢰도를 높였다. 특히 반건조 생선의 장점, 예를 들어 비린내가 적고, 식감이 우수하며, 보관과 조리 모두 간편하다는 점 등을 SNS를 통해 효과적으로 전달했다.

인스타그램 계정 명정어가(@mjseafood.1964)에서는 브랜드 스토리와 제품 사진을 정성스럽게 공유하며 전통적인 생선 건조업을 감성적으로 브랜딩하고, 개인 계정 훈민정식(@hxxn.cook)에서는 일상과 요리 콘텐츠를 통해 팔로워들과 친근하게 소통했다.

이러한 소통 중심의 접근은 고객들에게 인간적인 매력을 전달하고 브랜드에 대한 신뢰를 형성하는 데 중요한 역할을 했다. 장 대표는 댓

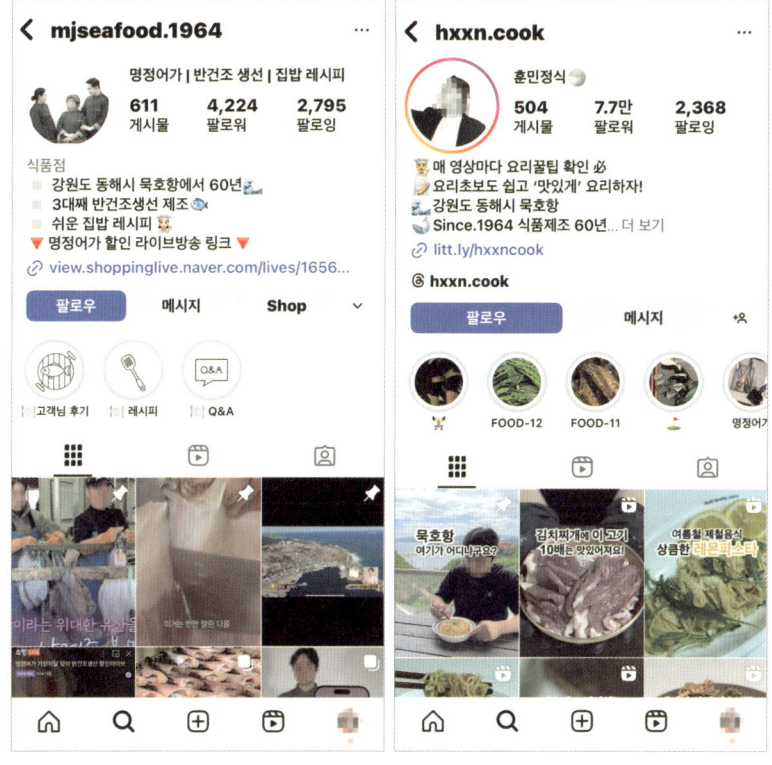

• 인스타그램 명정어가(@mjseafood.1964)와 훈민정식(@hxxn.cook)

글을 통해 팔로워들과 적극적으로 소통하고, 요리 레시피와 제품 활용법을 자연스럽게 소개하면서 실용적인 정보 제공과 브랜드 호감도를 동시에 높였다. 여기에 고객 리뷰를 반영해 제품을 개선하고, 소포장 및 세트형 포장을 도입함으로써 소비자 편의성을 높였다. 이러한 고객 중심의 서비스 개선은 소비자 만족도로 이어졌으며, 긍정적인 리뷰와 입소문을 통해 브랜드 인지도가 빠르게 확산되었다. 장훈민 대표의 성공 요인은 다음과 같다.

- 명정어가(@mjseafood.1964)의 레시피. 판매하는 제품을 레시피와 함께 자연스럽게 소개하고 있다.

- 브랜드화와 현대적 감각의 조화: 전통적인 가업을 현대적인 브랜드로 재탄생시켜 신뢰감을 주었다.
- SNS를 통한 소통과 신뢰 구축: 제품 정보뿐만 아니라 개인적인 일상과 요리 콘텐츠를 공유하여 팔로워들과의 소통을 강화했다.
- 고객 중심 서비스 개선: 소포장 및 세트형 포장을 도입하고, 고객 리뷰를 적극 반영해 만족도를 높였다.

장 대표의 사례는 전통적인 소상공인도 SNS를 활용하여 브랜드 가치를 높이고, 고객과의 소통을 통해 성공적인 비즈니스 성과를 이끌어낼 수 있음을 보여준다. 특히 인스타그램을 통해 고객과의 거리를 좁히고, 인간적인 매력을 전달하며, 신뢰를 바탕으로 브랜드 인지도를 쌓는 전략이 주효했다.

짧고 강렬한 홈트의 매력, 숏폼 콘텐츠 최적화 성공 공식 꿈미홈트

@kkum.mi_homt

    꿈미홈트는 필자의 수업을 듣고 1년도 안 돼 인스타그램 팔로워 1만을 돌파한 후, 현재는 인스타그램 5만 이상, 틱톡 5만 이상을 기록하며 숏폼계의 강자로 자리 잡았다. 특히 홈트레이닝 콘텐츠를 숏폼 영상으로 전달하며 빠르게 성장했다.

    꿈미홈트는 짧고 강렬한 영상으로 홈트레이닝 동작을 쉽게 따라할 수 있도록 구성했다. 초보자도 따라하기 쉬운 동작을 간결하게 설명하며 접근성을 높이고, 한눈에 보기 쉬운 자막과 직관적인 동작 설명으로 영상 포맷을 통일시켜 팔로워들을 몰입시켰다.

    또한 인스타그램뿐만 아니라 틱톡, 유튜브까지 멀티플랫폼 전략을 구사하며 팔로워 층을 넓혔다. 짧고 트렌디한 콘텐츠 덕에 틱톡에서 빠르게 확산되며 팔로워를 늘렸고, 인스타그램과 틱톡에서 반응이 좋았던 콘텐츠를 유튜브 숏츠로 공유해 채널 성장을 가속화한 것이다.

인스타그램과 틱톡에서 인기 해시태그와 트렌디한 음악을 적극 활용해 노출 빈도를 높이는 데도 힘썼다. 예를 들어 #홈트, #다이어트, #운동추천 등 인기 해시태그를 활용해 더 많은 사용자에게 노출되도록

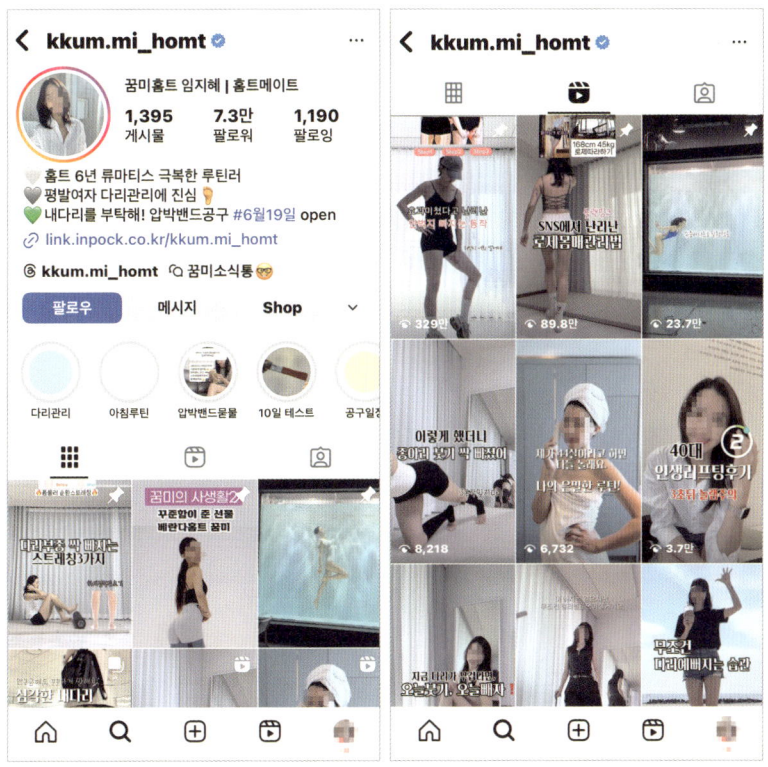

• 인스타그램 꿈미홈트(@kkum.mi_homt)

했다. 인기 있는 음악을 배경으로 동작의 리듬감을 살려 몰입도를 높이기도 했다.

여기에 꿈미홈트는 팔로워와의 적극적인 소통을 통해 충성도 높은 팬층을 확보하며 커뮤니티 중심의 마케팅 전략을 성공적으로 펼치고 있다. 특히 팔로워들의 댓글에 성실히 답변하고 그들이 준 피드백을 실제 콘텐츠에 반영해 콘텐츠 완성도를 높였다. 또한 팔로워들이

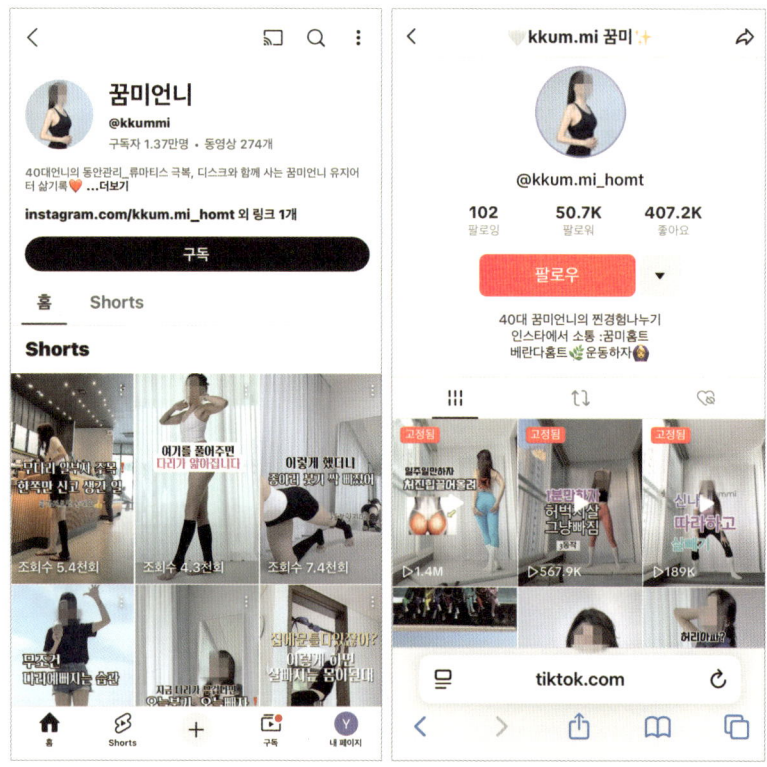

• 쇼츠 위주의 유튜브와 틱톡에서의 꿈미홈트(@kkum.mi_homt)

직접 참여할 수 있는 챌린지 형식의 콘텐츠를 기획해 참여도를 자연스럽게 끌어올렸다.

꿈미홈트는 숏폼 콘텐츠 최적화, 멀티플랫폼 전략, 트렌디한 해시태그와 음악 활용으로 숏폼계의 강자로 자리 잡았다. 특히 필자의 수업을 바탕으로 1년 만에 빠른 성장을 이룬 성공 사례로, 숏폼 콘텐츠 마케팅을 고민하는 사람들에게 좋은 인사이트를 제공한다.

'사장님들의 선생님' 커뮤니티 성공 사례

박종윤(@aigis0927)과 엔비아이(@n.beai)

　박종윤(@aigis0927)과 엔비아이(@n.beai)는 자영업자와 소상공인을 위한 커뮤니티 계정으로, 인스타그램을 통해 실질적인 정보 공유와 네트워크 형성을 성공적으로 이끌어낸 사례다. 두 계정은 서로 유기적으로 연결되어 있으며, 한쪽은 창업자의 개인적인 인사이트와 경험을 중심으로, 다른 한쪽은 체계적인 비즈니스와 브랜딩 성장 전략에 초점을 맞추어 운영된다.

　가장 큰 특징은 자영업자와 소상공인을 위한 맞춤형 콘텐츠를 제공한다는 것이다. 세무, 브랜딩, 마케팅 전략 등 실무에 꼭 필요한 주제를 알기 쉽게 정리해 콘텐츠화하며, 영상이나 카드뉴스 형태로 제작해 정보 접근성을 높였다.

이들은 단순히 정보만 제공하는 것이 아니라 자영업자들이 서로 네트워킹할 수 있는 커뮤니티 공간을 만들어가고 있다. 인스타그램을 기반으로 실시간 Q&A, 라이브 방송 등을 운영하며 비슷한 고민을 하는 자영업자 간의 소통을 적극 지원한다. 이는 강력한 유대감을 형성하기도 한다.

또한 실제 사업 성공 사례를 공유함으로써 팔로워들이 직접 참고

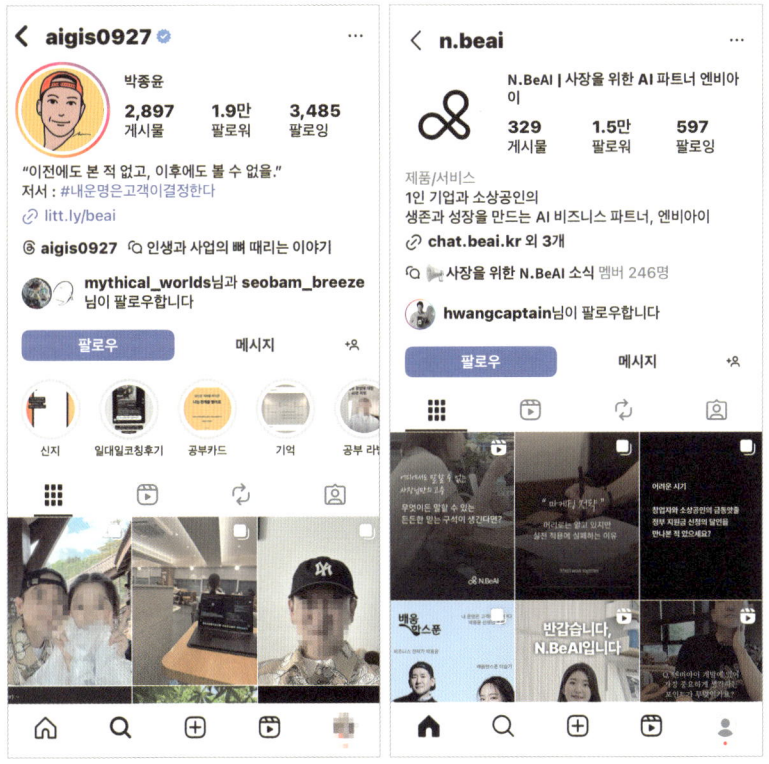

• 인스타그램 박종윤(@aigis0927)과 엔비아이(@n.beai)

할 수 있도록 돕는다. 브랜드를 키우는 과정, 위기 극복 사례, 고객 소통 전략 등 생생한 사례를 통해 팔로워에게 실질적인 인사이트를 제공한다. 이와 더불어 실제 오프라인에서 네트워킹 행사나 워크숍을 개최해 실무 교육을 진행한다. 예를 들어 마케팅 실전 워크숍, 세무 전문가 초청 강연, 브랜딩 컨설팅 세션 등이다. 정보 제공에서 그치지 않고 실질적인 교육으로 연결시키는 것이다.

계정 운영 또한 인스타그램의 다양한 기능을 효과적으로 활용한다. 스토리를 통해 실시간 질문을 받고, 릴스를 활용해 깊이 있는 콘텐츠를 제공하며, 팔로워와의 실시간 소통을 극대화한다. DM을 통한 개별 맞춤 상담까지 진행하고 있다.

이러한 전략을 통해 박종윤(@aigis0927)와 엔비아이(@n.beai)는 단순한 정보 제공 계정을 넘어서, 실제 비즈니스 운영자들에게 실질적인 도움을 제공하는 플랫폼으로 자리 잡았다. 인스타그램을 활용해 커뮤니티를 구축하고, 팔로워들과 직접 소통하는 방식을 고민하는 브랜드들에게 유용한 참고 사례가 될 것이다.

인스타그램 마케팅 성공 포인트 정리

- **브랜드 스토리텔링을 강화하라**

  단순 홍보가 아닌 공감할 수 있는 이야기를 전달해야 한다.

- **일상적인 콘텐츠 활용하라**

  기업 콘텐츠라도 너무 딱딱하지 않게 접근할 필요가 있다.

- **팔로워 참여를 유도하라**

  해시태그 활용, 고객 콘텐츠 리그램 등을 방법을 다양하게 활용하자.

- **사진과 영상 콘텐츠 비중을 늘려라**

  감성적인 비주얼과 짧고 강한 메시지를 활용해야 성공할 수 있다.

PART 2
인스타그램 쉽게 시작하기

인스타그램이란 무엇인가?

 인스타그램은 2025년 현재 가장 강력한 비주얼 중심의 소셜 미디어 플랫폼으로 자리 잡았다. 단순한 사진 공유를 넘어, 쇼핑, 브랜딩, 커뮤니티 구축, 비즈니스 운영, 콘텐츠 창작 등 다양한 역할을 하는 멀티플랫폼형 SNS로 발전했다. 이러한 변화는 인스타그램을 사용하고자 하는 개인과 기업 모두에게 새로운 기회를 제공한다. 그럼 플랫폼의 다양한 기능을 이해하고 활용할 수 있도록 핵심 기능을 먼저 알아보자.

인스타그램의 핵심 기능

릴스(Reels)

릴스는 짧은 동영상 중심의 콘텐츠로, 빠른 확산력과 높은 도달률을 자랑한다. 특히 인스타그램의 AI 기반 추천 시스템이 강화되면서, 사용자의 취향에 맞춘 콘텐츠가 자동으로 노출된다. 이를 통해 브랜드나 크리에이터는 팔로워가 아닌 사용자에게도 콘텐츠를 효과적으로 노출시킬 수 있으며, 자연스럽게 더 넓은 고객층에게 도달할 수 있다.

스토리(Stories)

스토리는 24시간 후 자동으로 사라지는 형식의 콘텐츠로, 팔로워와의 실시간 소통에 최적화되어 있다. 브랜드와 인플루언서들은 이 기능을 활용해 보다 자연스럽고 일상적인 콘텐츠를 공유하며 팔로워와의 친밀감을 높인다. 링크 삽입과 쇼핑 연동도 가능하다.

쇼핑 기능(Instagram Shop)

한국에서도 인스타그램 쇼핑 기능은 사용할 수 있지만, 앱 내에서 직접 결제하는 기능은 아직 제공되지 않는다. 구매를 위해서는 게시물에 태그된 제품을 클릭해 브랜드의 외부 쇼핑몰로 이동해야 한다. 인스타그램을 통해 제품을 판매하려는 한국의 비즈니스는 별도의 결제 시스템과 연동된 온라인 쇼핑몰을 구축하거나, 간편한 결제 방법을 제공하는 서비스를 활용해야 한다.

AI 추천 알고리즘

인스타그램의 AI 알고리즘은 사용자 활동 데이터를 분석해, 개인 맞춤형 피드를 제공한다. 덕분에 관심 있는 주제의 콘텐츠가 자동으로 추천되며, 팔로우하지 않은 계정의 콘텐츠도 사용자에게 자연스럽게 노출된다. 이는 사용자 경험을 향상시키고, 브랜드와 크리에이터가 더 많은 잠재 고객에게 도달할 수 있도록 한다.

검색 및 탐색 기능 강화

기존의 해시태그 중심 검색 기능에서 발전해, 이제는 AI 기반의 연관 검색 기능이 추가되었다. 사용자가 특정 키워드를 입력하면 관련 콘텐츠뿐 아니라 연관 인플루언서, 브랜드 계정까지 함께 추천된다. 특히 신규 팔로워 확보나 브랜드 인지도를 높이는 데 효과적인 기능이다.

다이렉트 메시지(DM) 업그레이드

비즈니스 계정의 DM 기능은 자동 응답, 챗봇 연동 등으로 한층 강화되었다. 고객 문의에 실시간으로 대응할 수 있고, 반복되는 질문에 대해 자동화된 답변을 제공함으로써 운영 효율성을 높였다.

텍스트 중심 앱 스레드

스레드(Threads)는 인스타그램의 앱 내 기능이 아니라, 인스타그램 계정과 연동되는 별도의 텍스트 기반 소셜 앱이다. 사용자는 최대 500자까지의 텍스트를 작성하고, 여기에 사진, 슬라이드, 동영상(최대 5분), 링크 등을 포함해 다양한 방식으로 콘텐츠를 표현할 수 있다. 간결한 문장 위주의 소통이 가능하며, 이미지 없이도 텍스트만으로 팔로워의 관심을 끌 수 있는 점에서 차별화된다.

이 플랫폼은 후킹(첫 문장으로 시선을 끄는 표현)을 적극적으로 활용해 스크롤을 멈추게 만들고, 여러 장의 슬라이드를 통해 하나의 이야기를 흐름 있게 전달할 수 있도록 구성되어 있다. 각 슬라이드마다 명확한 메시지를 담고, 마지막에는 질문이나 투표 등을 삽입해 팔로워의 참여를 유도할 수 있어 인게이지먼트 향상에 유리하다.

스레드는 단문 중심의 글쓰기에 적합하며, 슬라이드 기반 형식을 통해 스토리텔링을 확장할 수 있다. UI는 간단해 텍스트 입력과 이미지 첨부만으로도 콘텐츠를 쉽게 제작할 수 있으며, CTA(Call to Action)를 활용해 전환율을 높일 수도 있다. 특히 릴스나 피드에 비해 제작 시간이 짧고, 메시지 전달에 집중할 수 있어 브랜드의 정체성을 드러내거나 커뮤니티를 강화하려는 전략에 효과적이다.

텍스트 수정 기능이 제공되어 오타나 흐름을 쉽게 수정할 수 있고, GIF, 설문, 음성 클립 등 멀티미디어 요소도 지원되어 콘텐츠의 몰입도을 높일 수 있다. 작성한 콘텐츠는 인스타그램 스토리나 릴스 등 다른 채널로도 공유가 가능해 플랫폼 간 시너지 효과도 누릴 수 있다. 특히 스레드의 게시물을 인스타그램으로 교차 게시하여 대화를 이어갈 수 있다. 게시물을 인스타그램 스토리 또는 피드에 공유하려면 아래의 ▽(send)를 클릭한다.

무엇보다 스레드의 핵심은 관심사 기반의 커뮤니티 형성이다. 해시태그나 검색 기능을 통해 특정 주제에 대한 논의에 쉽게 참여할 수 있고, 다양한 관점을 공유할 수 있어 활발한 소통이 가능하다. 이러한 특성 덕분에 브랜드와 크리에이터는 실시간 소통을 강화하며 팔로워와의 연결성을 한층 높일 수 있다.

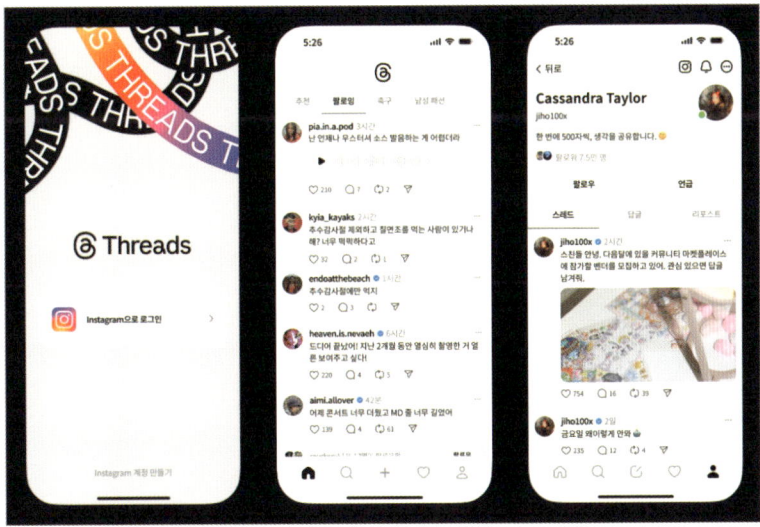

• 텍스트 중심 앱 스레드

이처럼 인스타그램은 다양한 기능을 통해 사용자가 더욱 개인화된 경험을 얻을 수 있도록 진화하고 있다. 브랜드와 크리에이터는 이러한 기능을 활용해 더 많은 고객과의 연결을 강화하고, 효율적으로 마케팅 목표를 달성하는 데 도움이 될 것이다.

발견하는 플랫폼으로서의 인스타그램

인스타그램의 트렌드 변화

인스타그램은 전 세계 월간 활성 사용자(MAU) 수가 20억 명을 넘어서는 초대형 플랫폼이다. 사용자 연령대는 10대부터 50대까지 다양하지만, 특히 Z세대(1997~2012년생)와 밀레니얼 세대(1981~1996년생)가 핵심 사용자층이다.

특히 인스타그램은 브랜드, 인플루언서, 중소기업이 제품과 서비스를 홍보하는 주요 마케팅 채널로 자리매김했다. 쇼핑 기능과 광고 시스템이 점차 강화되면서 단순한 이미지 중심의 소셜 미디어에서, 수익 창출과 고객 유입이 가능한 비즈니스 플랫폼으로 진화했다.

인스타그램의 역할 변화를 살펴보면 다음 표와 같다.

인스타그램의 역할 변화(2010~2025)

연도	인스타그램의 주요 변화
2010년	사진 공유 중심의 SNS로 출발
2015년	브랜드 및 인플루언서 중심 플랫폼으로 변화
2020년	릴스 도입, 영상 콘텐츠 중심의 허브로 성장
2023년	쇼핑 기능 확대, e커머스 플랫폼으로 발전
2025년	AI 기반 검색·추천 강화, '발견되는 플랫폼'으로 진화

오늘날 인스타그램은 단순히 검색하는 공간이 아니라 사용자가 자연스럽게 콘텐츠를 발견하고 영감을 얻는 공간이 되고 있다. '검색되는 플랫폼'에서 '발견되는 플랫폼'으로 변화하며, 개인과 브랜드에게 필수적인 마케팅 채널이 되었다. 사용자들은 새로운 제품, 브랜드, 트렌드를 자연스럽게 발견하는 공간으로 인스타그램을 활용하고 있다.

발견 → 검증 → 구매의 여정

인스타그램에서 사용자는 새로운 트렌드나 브랜드를 '발견'하고,

이후 네이버나 구글에서 리뷰와 평가를 통해 '검증'을 거친 후, 구매를 결정한다.

- 인스타그램: 발견되는 플랫폼: 새로운 제품과 트렌드를 자연스럽게 발견하고 영감을 얻는 공간이다.
- 네이버, 구글: 검증되는 플랫폼: 인스타그램에서 발견한 제품이나 브랜드를 신뢰할 만한지 확인하고, 리뷰와 평가를 검증하는 공간이다.

이처럼 발견 → 검증 → 구매의 여정은 소비자의 구매 결정 과정을 이해하고, 효과적인 마케팅 전략을 수립하는 데 중요하다. 인스타그램 마케팅 전략의 핵심은 2가지다.

- 발견되기 쉽게: 후킹 영상, 키워드 활용, 트렌디한 해시태그로 발견의 가능성을 극대화한다.
- 검증될 수 있게: 인스타그램 내 리뷰 콘텐츠, 고객 후기 공유를 통해 사용자가 검증할 수 있는 근거를 제공한다.

인스타그램에서 발견되기 쉬운 콘텐츠와, 타 플랫폼에서 신뢰를 쌓는 검증 콘텐츠를 함께 기획해야 완벽한 마케팅 전략을 수립할 수 있다.

인스타그램 계정에도 종류가 있다?

　인스타그램 계정은 개인 계정과 프로페셔널 계정으로 나뉜다. 프로페셔널 계정은 비즈니스 계정과 크리에이터 계정으로 세분화되며, 계정 유형에 따라 제공되는 기능이 다르다. 이러한 구분은 계정을 운영하는 목적에 따라 적절한 선택을 할 수 있도록 도우며, 각 계정의 특성을 이해하고 활용하는 것이 중요하다.

개인 계정(PERSONAL ACCOUNT)

개인 계정은 기본적인 인스타그램 계정 형태로, 개인적인 사용을 목적으로 한다. 비공개(Private) 또는 공개(Public) 설정이 가능하며, 친구, 가족과의 소통에 적합하다. 스토리, 피드 게시물, 릴스 등의 기본적인 기능을 사용할 수 있으며, 비즈니스 도구(광고, 인사이트 분석 등)를 사용할 수 없다. 주로 SNS를 가볍게 즐기거나, 지인과 소통하는 용도로 사용된다.

프로페셔널 계정(PROFESSIONAL ACCOUNT): 비즈니스 계정 & 크리에이터 계정

프로페셔널 계정은 브랜드, 기업, 인플루언서, 콘텐츠 크리에이터들이 마케팅 및 개인 브랜딩을 위해 활용하는 계정 유형이다. 각각의 계정은 목적에 따라 다양한 기능을 제공하며, 이를 통해 보다 전문적이고 효과적인 활동이 가능하다. 기능은 다음과 같다.

인사이트(Analytics) 제공

팔로워 성장, 콘텐츠 도달률, 참여율 등의 데이터를 확인할 수 있다. 이러한 분석 도구는 마케팅 전략을 수립하고, 콘텐츠의 효과를 평가하는 데 중요한 역할을 한다.

광고 및 홍보 기능 활성화

유료 광고(Instagram Ads)를 집행해 더 많은 사용자에게 콘텐츠를 노출할 수 있다. 이는 브랜드 인지도를 높이고, 잠재 고객에게 효과적으로 다가가는 방법이다.

DM 기능 강화

자동 응답, 메시지 필터링 등의 기능 제공으로, 고객과의 소통이 더욱 편리 해졌다. 이를 통해 고객 문의에 신속하게 대응하고, 고객 만족도를 높일 수 있다.

연락처 추가 가능

프로필에 이메일, 전화번호, 위치 정보를 포함할 수 있어 고객과의 직접적인 소통이 용이하다. 이는 비즈니스 관계를 강화하고, 고객과의 신뢰를 구축하는 데 중요한 요소다.

브랜드 협업 기능 제공

스폰서, 콘텐츠, 태그 기능을 활용해 투명한 광고 운영이 가능하다. 이를 통해 브랜드 간의 협업을 강화하고, 소비자에게 신뢰를 줄 수 있다.

릴스 및 스토리의 다양한 기능 사용 가능

크리에이터 계정의 경우 릴스 음원을 자유롭게 사용할 수 있다.

수익 창출 기회 제공

크리에이터 계정은 배지(Badges), 인스타그램 쇼핑, 유료 구독(Subscriptions) 기능을 활용할 수 있어 수익 창출이 가능하다.

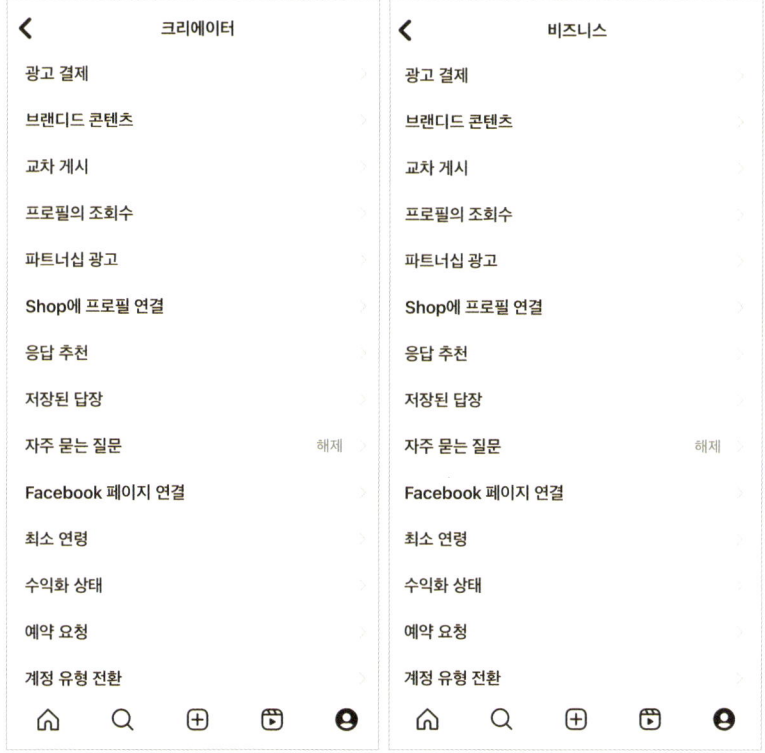

- 비즈니스계정과 크리에이터계정

비즈니스 계정 vs. 크리에이터 계정 비교

기능	비즈니스 계정	크리에이터 계정
인사이트 제공	O (세부 분석 제공)	O (팔로워 증가 분석 특화)
광고 집행 가능	O	O
쇼핑 기능 (Instagram Shop)	O	O
DM 기능	O (자동 응답 기능 제공)	O (필터링 기능 강화)
릴스 음원 사용 가능 여부	X (상업적 사용 제한)	O (모든 음원 사용 가능)
브랜드 협업 기능 (파트너십 태그)	O	O
수익 창출 기능	X	O (배지, 구독, 광고 수익)
연락처 추가 가능	O	O

게시물 예약 기능

프로페셔널 계정에서만 사용할 수 있으며, 개인 계정에서는 게시물 예약 기능을 사용할 수 없다. 비즈니스 계정 & 크리에이터 계정은 인스타그램 앱 내 '고급 설정'에서 게시물 예약 옵션을 사용할 수 있다. 페이스북 크리에이터 스튜디오를 통해 예약 게시물을 관리할 수 있다.

하지만 제품 태그, 콜라보 게시물, 홍보 게시물, 기부 캠페인 등의 기능은 예약된 콘텐츠에는 적용할 수 없다.

개인이라도 프로페셔널 계정으로 전환해야 할까?

개인 사용자라도 프로페셔널 계정(비즈니스 또는 크리에이터)으로 전환하면 더 많은 기능을 사용할 수 있다. 특히 인사이트(분석) 기능을 통해 콘텐츠 도달률, 팔로워 성장, 게시물 반응 등을 수치로 확인할 수 있어 개인 브랜딩이나 콘텐츠 전략 수립에 유리하다.

프로페셔널 계정은 다음과 같은 사용자에게 적합하다.

- 인스타그램을 통해 개인 브랜딩을 하고 싶은 사용자
- 자신의 콘텐츠 도달률과 팔로워 성장을 분석하고 싶은 사용자
- 기업, 브랜드, 크리에이터와 협업을 원하는 사용자
- DM 기능을 강화하고 싶은 사용자

특히 인스타그램 알고리즘은 개인 계정보다 프로페셔널 계정을 더 적극적으로 노출하는 경향이 있다. 많은 사람들이 프로페셔널 계정으로 전환하면 노출이 자동으로 늘어난다고 오해하지만, 이는 프로페셔널 계정이 제공하는 인사이트 도구를 통해 콘텐츠 성과를 분석하고, 팔로워와의 상호작용을 강화할 수 있기 때문이다.

프로페셔널 계정으로 전환한다고 해서 자동으로 더 높은 도달률이 보장되는 것은 아니다. 알고리즘은 여전히 콘텐츠의 품질, 팔로워와의 상호작용 빈도, 게시물에 대한 참여도 등 다양한 요소를 종합적

으로 평가하여 노출 순위를 결정한다. 따라서 프로페셔널 계정으로 전환한 후에도 지속적으로 고품질의 콘텐츠를 제작하고, 팔로워와 적극적으로 소통하려고 노력해야 한다.

브랜드 운영자라 하더라도 모든 상황에 비즈니스 계정이 더 유리한 것은 아니다. 예를 들어 릴스에서 인기 음원을 자유롭게 사용하고 싶거나, 팔로워와의 소통(예: DM 자동화)을 강화하고 싶다면 크리에이터 계정이 더 적합하다. 반면 인스타그램 쇼핑 기능을 통해 제품 판매를 목표로 한다면 비즈니스 계정이 필수다. 참고로 크리에이터 계정에서도 쇼핑 기능은 사용할 수 있다. 수익 창출 기능(배지, 구독 등)은 크리에이터 계정에서만 지원된다.

각 계정 유형에 따라 제공되는 기능이 다르므로, 목적에 맞는 계정을 선택하는 것이 중요하다. 목적별 추천 계정은 표를 참고하기 바란다.

목적별 추천 계정 유형

목적	추천 계정 유형
지인과의 소통	개인 계정
제품 판매 및 비즈니스 운영	비즈니스 계정
인플루언서 활동 및 수익 창출	크리에이터 계정
개인 브랜딩 및 협업 강화	크리에이터 계정

강사 입장에서는 제품 판매 및 비즈니스 운영을 하더라도 크리에이터 계정을 추천한다. 릴스에서의 인기 음원을 통해 더 많은 노출,

도달을 통해 고객과 만나고 판매를 할 수 있기 때문이다.

　이와 같이 인스타그램 프로페셔널 계정은 브랜드와 개인이 마케팅 목표를 효율적으로 달성하고, 고객과의 관계를 심화할 수 있도록 다양한 도구를 제공한다. 목표에 따라 적절한 계정 유형을 선택하고, 기능을 전략적으로 활용하는 것이 무엇보다 중요하다.

인스타그램 알고리즘 이해하기

　　인스타그램의 알고리즘은 사용자가 플랫폼에서 더 오래 머물도록 유도하는 방식으로 계속 발전하고 있다. 2025년 현재, 인스타그램 알고리즘은 사용자의 관심사, 행동 패턴, 콘텐츠 유형을 기반으로 맞춤형 피드를 제공한다. 이러한 알고리즘의 이해는 인스타그램을 효과적으로 활용하고, 도달률을 극대화한다.

알고리즘의 핵심 요소

관심도(Interest)

사용자가 특정 유형의 콘텐츠를 얼마나 자주, 오랫동안 소비하는지 분석해 유사한 콘텐츠를 추천한다. 이는 사용자의 선호도를 반영하며, 개인화된 콘텐츠 경험을 제공한다.

관계(Relationship)

사용자와 콘텐츠 게시자 간의 상호작용이 많은 계정을 우선적으로 노출한다. 이는 사용자 간의 관계를 강화하고, 커뮤니티를 형성하는 데 도움을 준다.

신선도(Recency)

최신 콘텐츠일수록 노출 빈도가 높아진다. 일정 시간이 지난 게시물은 피드보다 탐색 탭이나 아카이브된 콘텐츠로 노출될 가능성이 크다. 이는 사용자가 최신 정보를 빠르게 접할 수 있도록 한다.

사용 빈도(Frequency)

사용자가 인스타그램에 접속하는 빈도와 세션 길이를 고려해 콘텐츠를 제공한다. 이는 사용자가 플랫폼에 머무는 시간을 늘리고, 더 많은 콘텐츠를 소비하도록 유도한다.

활동 유형(Usage Patterns)

사용자가 어떤 방식으로 인스타그램을 사용하는지에 따라 맞춤형 피드를 구성한다. 이는 사용자의 행동 패턴을 반영하며, 개인화된 경험을 제공한다.

인스타그램의 알고리즘은 사용자의 관심사와 행동 패턴을 분석해서 각 사용자에게 맞춤형 콘텐츠를 제공하는 데 중점을 둔다. 특히 탐색 탭과 릴스 피드에서는 사용자가 이전에 상호작용한 콘텐츠와 유사한 주제의 게시물이 노출되는 경향이 있다.

탐색 탭과 릴스 피드와 일반 피드 콘텐츠 노출 원리

인스타그램은 사용자의 활동 데이터를 바탕으로 탐색 탭, 릴스 피드, 일반 피드에 개인화된 콘텐츠를 노출시킨다. 사용자의 관심사와 콘텐츠의 인기도를 기반으로 노출 순위가 결정된다.

사용자 활동 분석

좋아요, 댓글, 저장, 공유 등의 사용자 반응을 추적하여 사용자의 관심사를 파악한다. 유사한 콘텐츠를 탐색 탭과 릴스 피드에 추천하며, 피드 상단에도 더 자주 노출 빈도가 높아진다. 특히 내가 반응을 많이 한 계정의 콘텐츠는 피드 상단에 자주 노출되고, 더 높은 빈도수로 나타난다.

게시물 정보 및 인기도

게시물 자체의 인기도가 중요한 노출 요소다. 다른 사용자들로부터 받은 좋아요 수, 댓글 수, 공유 횟수가 많을수록 탐색 탭과 릴스 피드에 노출될 확률이 높다. 일반 피드에서도 인기가 많은 콘텐츠는 상단에 우선 노출된다.

콘텐츠 노출 전략

높은 참여율을 유도할 수 있는 후킹 영상, 공감 가는 캡션, 트렌디한 해시 태그를 활용한다. 저장, 공유와 같은 반응을 유도하는 콘텐츠가 탐색 탭과 릴스 피드에 노출될 확률을 높인다.

결론적으로, 탐색 탭, 릴스 피드, 일반 피드 모두 사용자의 반응과 게시물의 인기도가 노출 순위에 중요한 영향을 미친다. 특히 내가 반응한 계정의 콘텐츠가 피드 상단에 자주 나타난다는 점을 활용해 상호작용을 강화하는 콘텐츠 전략을 세워야 한다.

나의 콘텐츠와 탐색 탭, 릴스 피드의 관계

　내 계정의 콘텐츠와 내 탐색 탭 또는 릴스에 자주 뜨는 콘텐츠가 일치할수록, 내 콘텐츠도 비슷한 관심사를 가진 유저에게 더 많이 노출된다. 이는 인스타그램 알고리즘이 사용자의 활동과 관심사를 기반으로 콘텐츠를 추천하기 때문이다.

　예를 들어 여행 계정을 운영하고 있다면 나의 탐색 탭과 릴스 피드에도 여행 관련 콘텐츠가 자주 뜨는 것이 바람직하다. 그렇게 해야 내 여행 콘텐츠가 여행에 관심 있는 사용자들에게 더 많이 노출될 확률이 높아진다.

　만약 사용자 A가 인스타그램에서 특정 주제(예: 여행)에 대한 게시물에 자주 좋아요를 누르고 댓글을 남긴다면, 인스타그램은 사용자 A가 여행 콘텐츠에 관심이 많다고 인식한다. 이러한 데이터를 기반으로, 인스타그램은 탐색 탭과 릴스 피드에 여행과 관련된 다른 크리에이터의 콘텐츠를 더 많이 노출시킨다. 이때, 내 계정이 여행 콘텐츠를 주로 올리고 있으며, 내 탐색 탭에도 여행 콘텐츠가 자주 뜬다면, 나의 여행 콘텐츠가 사용자 A에게 노출될 가능성이 높아진다.

콘텐츠 노출 극대화를 위한 전략

다음의 방법을 통해 인스타그램에서 원하는 콘텐츠를 더 많이 발견하고, 내 콘텐츠의 노출을 극대화할 수 있다.

내 탐색 탭과 릴스 피드 점검하기

내가 올리는 콘텐츠와 관련된 주제나 스타일이 탐색 탭이나 릴스 피드에 자주 뜨는지 확인한다. 만약 그렇지 않다면, 관심사를 조정해야 한다.

관심사 조정하기

원하는 주제의 콘텐츠가 탐색 탭에 더 많이 나타나도록 하려면 해당 주제의 게시물에 적극적으로 좋아요를 누르고, 댓글을 남기며, 저장하거나 공유한다. 또한 탐색 탭에서 원하지 않는 콘텐츠를 길게 눌러 '관심없음'을 선택할 수 있다. 피드나 릴스에서는 점 3개 아이콘을 눌러 '관심없음'을 선택해 알고리즘이 선호하는 콘텐츠를 더 정확하게 파악하도록 할 수 있다.

유사한 콘텐츠와의 상호작용

나와 비슷한 콘텐츠를 올리는 계정과 적극적으로 소통한다. 팔로우, 댓글, 공유 등을 통해 상호작용하면 알고리즘이 나의 관심사를 해당 주제로 인식하게 되어 관련 콘텐츠의 노출이 증가한다.

일관성 있는 콘텐츠 업로드

내 계정에서 특정 주제의 콘텐츠를 일관성 있게 업로드하면 알고리즘이 내 계정의 주제를 명확하게 인식하고, 비슷한 관심사를 가진 사용자에게 더 많이 노출한다.

알고리즘 초기화 고려하기

만약 알고리즘이 추천하는 콘텐츠가 너무 뒤죽박죽이라면 알고리즘을 초기화하는 것도 방법이다. 인스타그램은 '추천 콘텐츠 재설정' 기능을 도입할 예정이며, 이를 통해 피드, 릴스, 탐색 탭의 추천 콘텐츠를 초기화할 수 있다.

인스타그램 알고리즘은 사용자의 활동과 관심사를 바탕으로 콘텐츠를 추천한다. 따라서 내 콘텐츠가 노출되길 바라는 타깃층의 관심사와 나의 탐색 탭 및 릴스 피드가 일치하도록 전략적으로 관리해야 한다. 내 탐색 탭과 릴스 피드를 내가 원하는 방향으로 조정하는 것도 중요한 전략 중 하나다.

알고리즘을 활용한 도달률 높이는 방법

릴스(Reels) 활용

현재 인스타그램이 가장 우선으로 노출하는 콘텐츠 유형이 릴스다. 짧고 임팩트 있는 영상을 제작해 업로드하면 도달률을 극대화할 수 있다.

꾸준한 스토리(Stories) 업로드

스토리는 사용자의 일상과 브랜드를 연결하는 강력한 도구다. 인스타그램 알고리즘은 스토리를 자주 게시하는 계정을 더 높은 우선순위로 배치한다.

적극적인 소통

댓글, DM, 공유 기능을 활용해 팔로워와 직접 소통하면 알고리즘이 이를 긍정적으로 평가하여 더 많은 사용자에게 노출시킨다.

해시태그 최적화

인기 있는 해시태그뿐만 아니라, 자신의 브랜드나 콘텐츠와 직접 연관된 해시태그를 함께 사용해야 검색 결과에서 노출될 가능성이 높아진다.

게시물 업로드 시간 최적화

타깃 사용자층이 가장 활발하게 활동하는 시간대에 맞춰 게시물을 업로드하면 도달률이 증가한다.

콘텐츠 유형 다양화

피드, 릴스, 스토리 등 다양한 콘텐츠 유형을 활용하면 각기 다른 알고리즘을 통해 더 많은 사용자에게 도달할 수 있다.

공유 및 저장 유도

댓글이나 캡션에서 "이 게시물을 저장해두세요!" 또는 "친구와 공유하세요!"와 같은 문구를 삽입하면 인게이지먼트(Engagement, 사용자와 앱 간의 상호작용을 측정하는 지표)가 높아지고, 알고리즘이 이를 긍정적으로 평가한다.

인스타그램의 알고리즘 변화에 대비하는 법

인스타그램은 지속적으로 알고리즘과 기능을 업데이트한다. 예전에는 사용자들이 변화한 이후에야 이를 감지할 수 있었지만, 최근에는 변화가 생길 때마다 인스타그램 CEO인 아담 모세리(Adam Mosseri)가 자신의 인스타그램 계정(@mosseri)을 통해 관련 내용을 알려주고 있다. 또한 Instagram for Business(@instagramforbusiness) 및 Instagram for Business Korea(@instagramforbusinesskorea) 계정에서는 인스타그램 내 비즈니스 전략과 주요 기능 업데이트에 대한 정보를 정리해 제공한다. 메타에서 운영하는 페이스북 비즈니스 센터(facebook.com/business/instagram)에서도 전체적인 인스타그램 비즈니스 전략과 운영 방법을 확인할 수 있다. 새로운 기능이 출시될 때 이

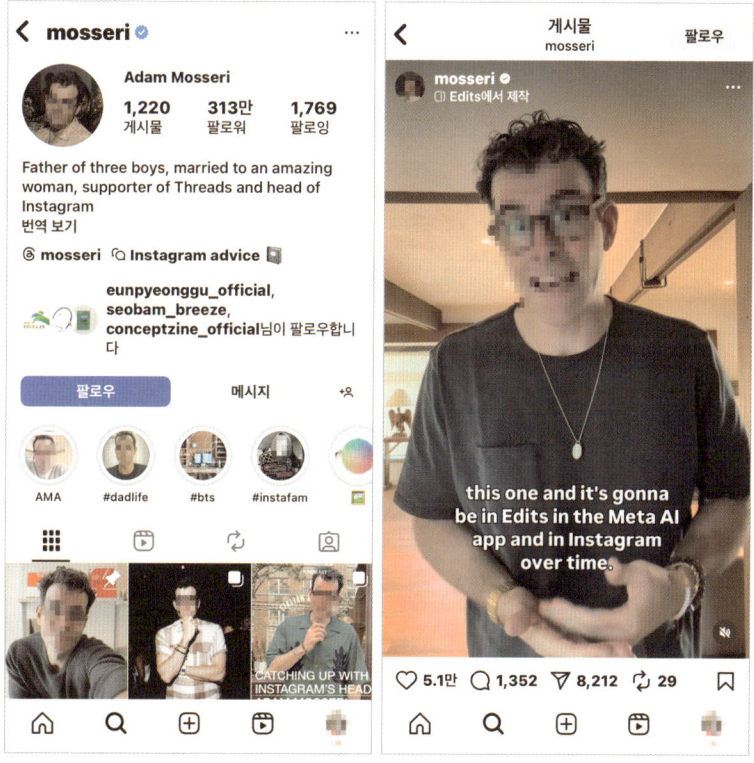

• 인스타그램 @mosseri

Part 2 인스타그램 쉽게 시작하기

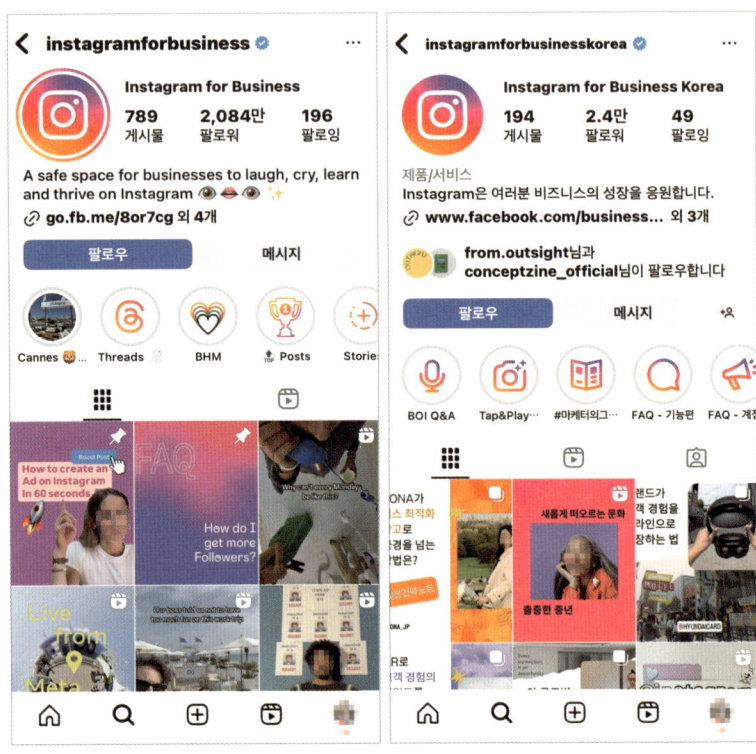

• 인스타그램 비즈니스 계정

• 페이스북 비즈니스 센터

를 빠르게 이해하고 콘텐츠에 적용하는 것이 경쟁력 확보의 핵심이다.

인스타그램 콘텐츠 전략은 고정된 것이 아니다. 지속적인 실험과 분석을 통해 발전해야 한다. 어떤 콘텐츠가 높은 반응을 얻는지, 어떤 형식이나 주제가 팔로워의 참여를 유도하는지 데이터를 바탕으로 분석하고, 그 결과를 콘텐츠 기획에 반영해야 한다.

또한 단순히 팔로워 수를 늘리는 것이 목표가 되어서는 안 된다. 진정한 의미의 팬층을 확보해 커뮤니티를 구축하는 것이 중요하다. 댓글에 답하고, DM으로 소통하며, 사용자 콘텐츠를 리그램하는 등의 활동을 통해 팔로워와의 거리를 좁히는 전략은 브랜드에 대한 충성도를 높인다.

인스타그램 알고리즘은 단순히 인기 있는 콘텐츠를 노출하는 것이 아니라, 사용자가 가장 오래 머무를 수 있는 콘텐츠를 찾고 추천하는 방향으로 변화하고 있다. 이를 잘 활용하면 도달률과 인게이지먼트를 극대화할 수 있다.

나의 알고리즘을 팔로워 또는 잠재고객의 알고리즘과 맞추는 것이 실제로 도움이 될까? 인스타그램에서 성공적인 도달률을 확보하려면 단순히 알고리즘을 이해하는 것뿐만 아니라, 나의 콘텐츠가 타깃 팔로워들의 피드에 자연스럽게 노출되도록 전략적으로 접근해야 한다. 팔로워들의 행동 패턴과 내가 올리는 콘텐츠 유형이 일치할수록, 알고리즘이 내 계정을 더 높은 우선순위로 평가하여 노출 빈도를 증가시킨다.

자신만의 콘셉트를 정해 페르소나 설정하기

　인스타그램을 성공적으로 운영하려면 먼저 자신만의 콘셉트를 정하고, 타깃 페르소나를 명확하게 설정해야 한다. 단순히 콘텐츠를 업로드하는 것이 아니라, 나만의 차별화된 스타일과 브랜드 정체성을 확립하는 것이 중요하다.

자신만의 콘셉트를 정하는 방법

　지금부터 5단계에 걸쳐 나만의 콘셉트를 정해보자.

핵심 주제 선정

내가 어떤 콘텐츠를 만들 것인지 명확하게 정한다. 예를 들어 여행, 패션, 음식, 자기계발 등 주제를 정하고 이에 맞는 콘텐츠 전략을 수립한다. 핵심 주제는 콘텐츠의 일관성을 유지하고, 팔로워가 기대할 수 있는 내용을 명확히 하는 데 도움을 준다.

콘텐츠 스타일 확립

사진과 영상의 색감, 글꼴(폰트), 편집 스타일, 캡션의 톤을 일관되게 유지한다. 예를 들어 따뜻한 톤의 필터를 사용하거나, 짧고 강렬한 문장을 캡션으로 활용하는 등 차별화된 스타일을 만드는 것이다. 이는 브랜드의 아이덴티티를 강화하고, 팔로워에게 일관된 인상을 준다.

경쟁 계정 분석

비슷한 주제를 다루는 인기 계정을 분석하고 차별점을 찾는다. 경쟁 계정에서 잘되는 콘텐츠와 비교해보고, 부족한 점을 파악해 내 계정에 반영한다. 이를 통해 시장에서의 경쟁력을 높일 수 있다.

브랜드 스토리 구축

단순히 콘텐츠만 올리는 것이 아니라, 나만의 브랜드 스토리를 만들어야 한다. 예를 들어 '매일 한 장의 사진으로 나만의 성장 기록 남기기' 같은 스토리를 구축하면 여기에 관심이 생긴 팔로워를 지속적으로 유인할 수 있다. 팔로워와의 감정적 연결을 이어주어 브랜드 충성도를 높이기도 한다.

해시태그 및 키워드 전략

특정 키워드를 반복적으로 사용해 내 계정이 해당 주제와 연결될 수 있도록 한다. 적절한 중소 인기 해시태그를 사용하되, 너무 일반적인 해시태그보다는 특정 타깃층을 공략할 수 있는 맞춤형 해시태그를 활용한다.

페르소나란 무엇인가?

브랜드가 고객에게 어떤 가면으로 보일지 제품의 특성, 브랜드의 가치에 따른 이미지를 고객들에게 효과적으로 보여줘야 하며, 우리 브랜드의 고객을 정의하고 분석해야 한다. 마케팅에서 가장 중요한 것은 고객이다. 주요 고객이 20대 미혼 여성인지 40대 기혼 남성인지 정의 내리지 못한다면, 제품의 가치를 고객들에게 알리기 어렵고 마케팅 효과를 기대할 수 없다. 그래서 브랜딩을 할 때는 기업과 브랜드의 페르소나를 미리 설정하는 것이 필요하다. 마케팅적 의미로 페르소나란, 어떤 제품 혹은 서비스를 사용할 만한 타깃층 안에 있는 다양한 사용자 유형을 대표하는 가상의 인물을 뜻한다.

특히 인스타그램에선 페르소나에 따라 전체적인 콘셉트가 정해질 수 있다. 페르소나가 너무 어렵게 느껴질 수도 있겠다. 우선 인스타그램에서 셀럽으로 발전해 블로그마켓식으로 비즈니스를 성장시키고 있는 브랜드를 보면 이해가 쉬울 듯하다. 자신만의 디자인 센스 등을 발판 삼아 독창적인 브랜드를 만들어내고 있는 인스타그램 셀럽 브랜드들이 꽤 많아지고 있다. 이 브랜드들의 대표는 자신이 곧 브랜드이자 모델이다. 그렇기 때문에 자신을 가장 잘 나타낼 수 있고, 팔로워와 팬들 역시 그들의 모든 콘텐츠 하나하나에 열광하는 것이다.

페르소나라고 거창하게 이야기하고 있지만, 보통 비즈니스를 시작한 대표는 그 브랜드가 속한 카테고리에 가장 관심이 많다. 또 본인의 비즈니스에 관심이 많은 고객과 소통하기 좋은 직군에 속해 있을 확률이 높다. 무조건 그렇다는 건 아니지만 아동복 사업을 하는 사람이라면 최소한 아이를 키우고 있거나 키워봤거나 아이를 좋아할 것이다. 앞서 소개한 서울토이는 대표와 대부분의 직원이 모두 아이 아빠다.

만약 대표자나 직원을 대표 페르소나로 내세우기 힘든 상황이라면 기업의 고객군을 정의하고 페르소나를 정립할 필요가 있다. 우리 브랜드를 좋아하는 고객은 남성인가, 여성인가? 20대인가, 40대인가? 미혼인가, 기혼인가? 우리 고객은 어느 나라 또는 어느 지역 출신인가? 우선은 이렇게 쉽게 분류할 수 있는 요소부터 찾아 설정해본다.

그다음에는 그 사람의 행동양식, 구매패턴, 생활습관, 소비패턴처럼 밖으로 보이지 않는 것을 분류한다. 이렇게 해서 가상의 인물을 만들고 나면 가상의 고객에게 전달하고자 하는 메시지가 좀 더 명확하게 정립될 것이다. 그러고 나서 실제로 기업의 페르소나를 가상으로 정의해보는 작업이 필요하다. 예를 들어 다음과 같다.

이름: 김자연

나이: 32세

성별: 여자

취미: 운동, 쇼핑

관심사: 다이어트

모든 고객에게 만족을 주고 모든 고객에게 가치 있는 브랜드나 상품은 극히 드물다. 위와 같이 가상의 인물을 설정해 좀 더 명확한 메시지를 주는 마케팅을 할 필요가 있다. 이렇게 정립된 가상인물과 실제 고객들이 어떤 콘텐츠를 좋아할지 고민하고 만드는 과정을 공유해야 더 좋은 마케팅 효과를 얻을 수 있다. 고객의 타깃층이 정해져야 콘셉트를 정하고, 그래야 그에 맞는 톤앤매너의 콘텐츠가 만들어진다.

타깃 페르소나 설정 방법

마케팅적 의미로 페르소나란 어떤 제품 혹은 어떤 서비스를 사용할 만한 타깃층 안에 있는 다양한 사용자 유형을 대표하는 가상의 인물을 뜻한다. 지금부터 타깃 페르소나 설정 방법을 알아보자.

이상적인 팔로워 정의

내가 원하는 이상적인 팔로워의 나이, 성별, 관심사를 정한다. 예를 들어 '20~30대 여성, 자기계발에 관심 많음, 라이프스타일 콘텐츠 소비 빈도 높음' 같은 구체적인 타깃을 설정한다. 이는 콘텐츠 기획과 마케팅 전략 수립에 중요한 기준이 된다.

팔로워의 행동 패턴 분석

팔로워들이 어떤 시간대에 활동하는지, 어떤 유형의 콘텐츠에 반응하는지 파악한다. 예를 들어 저녁 시간대에 가장 많이 활동하는 사용자라면 이 시간에 맞춰 콘텐츠를 업로드한다. 이는 도달률을 극대화하고, 팔로워의 참여를 유도하는 데 중요하다.

소통 전략 수립

단순히 게시물을 올리는 것이 아니라, 팔로워와 적극적으로 소통하는 방식을 고민한다. 댓글에 질문을 던지거나, 스토리에서 투표 기능을 활용하는 방법이 있다.

페르소나에 맞는 콘텐츠 제작

타깃 팔로워가 공감할 수 있는 콘텐츠를 제작한다. 만약 자기계발에 관심이 많은 팔로워를 대상으로 한 계정이라면 '아침 루틴 공유',

'생산성 높이는 팁' 같은 콘텐츠를 정기적으로 제공한다. 팔로워의 관심을 끌고 참여까지 유도할 수 있다.

반응형 콘텐츠 제작

팔로워들의 반응을 분석하고, 가장 반응이 좋은 콘텐츠 유형을 지속적으로 제작한다. 댓글이 많이 달린 콘텐츠의 패턴을 분석하고 유사한 콘텐츠를 제작해 인게이지먼트를 높이는 방법이다. 팔로워의 기대를 충족시키고, 브랜드의 신뢰를 강화하는 데 도움이 된다.

자신만의 콘셉트를 명확하게 정하고, 타깃 페르소나를 반영한 콘텐츠를 지속적으로 제공하면, 인스타그램에서 더욱 강력한 브랜드 아이덴티티를 구축할 수 있을 것이다.

인스타그램의 시작: 계정 가입 후 첫 콘텐츠 올리기

인스타그램을 처음 시작할 때 가장 중요한 것은 계정을 올바르게 설정하는 것과 첫 번째 콘텐츠를 효과적으로 게시하는 것이다. 계정을 만들고 콘텐츠를 업로드하는 과정에서 몇 가지 중요한 요소를 고려하면, 더 빠르게 팔로워를 확보하고 인스타그램에서 성공적인 시작을 할 수 있다.

인스타그램 계정 가입 및 설정

앱 다운로드 및 가입

인스타그램 앱을 다운로드하고 이메일, 전화번호로 가입한다. 사용자명(아이디)은 브랜드와 연관성이 높은 것으로 설정한다. 가능하면 짧고 기억하기 쉬운 것이 좋다.

프로필 최적화

프로필 사진은 브랜드 로고나 본인을 쉽게 인식할 수 있는 상반신 이미지로 설정한다. 이름 및 사용자 이름은 검색이 용이하도록

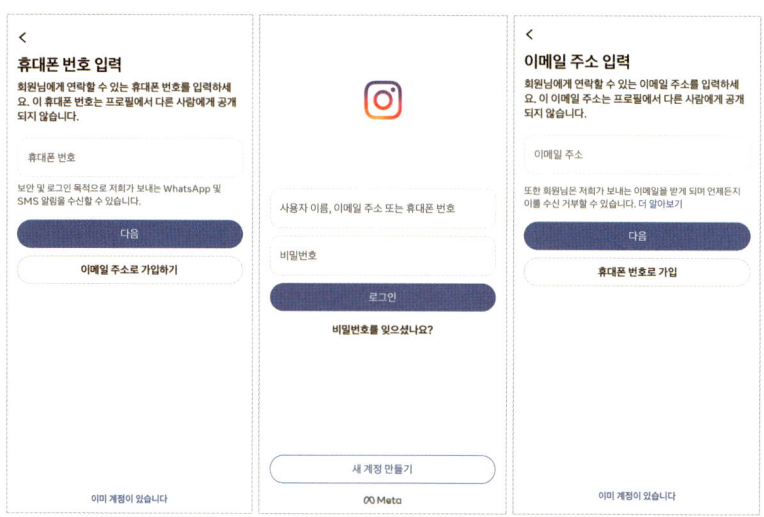

• 인스타그램 계정 가입

간결하게 설정한다. 바이오(Bio)에는 누구인지, 무엇을 하는 계정인지, 어떤 가치를 제공하는지 명확하게 기재한다. 웹사이트 링크를 추가할 수도 있다. 비즈니스 계정 또는 크리에이터 계정의 경우 링크트리(Linktree) 또는 리틀리(Littly) 등을 활용해 여러 링크를 연결할 수 있다.

계정 유형 선택

개인 계정, 비즈니스 계정, 크리에이터 계정 중 목적에 맞는 계정을 선택한다. 브랜드 운영 및 홍보가 목적이라면 비즈니스 계정을, 콘텐츠 창작 및 인플루언서 활동이 목표라면 크리에이터 계정을 추천한다.

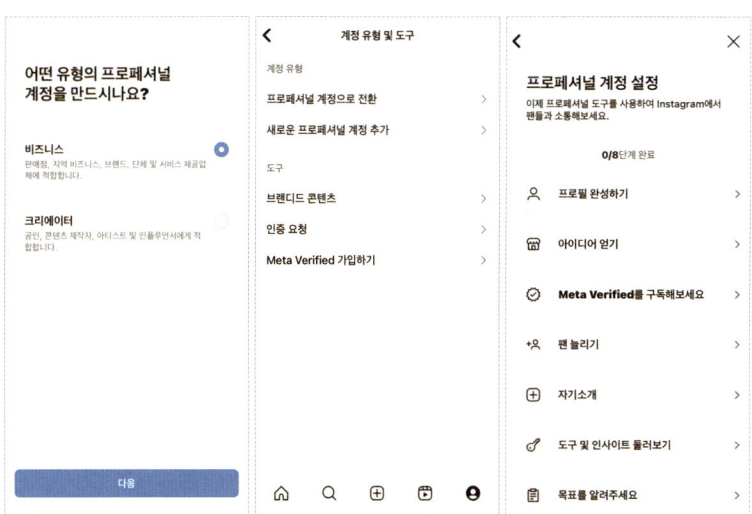

• 계정 유형 선택

첫 번째 콘텐츠 올리기

첫 콘텐츠는 계정의 첫인상을 결정한다. 계정을 방문한 사용자가 한눈에 이해할 수 있도록 일관된 스타일과 메시지를 담은 콘텐츠를 업로드하는 것이 중요하다.

콘텐츠 유형 결정

사진, 동영상, 릴스, 스토리 중에서 자신의 계정과 가장 잘 맞는 형식을 선택한다. 일반적으로 첫 게시물은 소개 포스트(계정의 목적, 운영자의 이야기, 기대할 수 있는 콘텐츠 유형 등)가 효과적이다.

이미지 및 영상 퀄리티

해상도가 높고 깔끔한 이미지를 사용한다(1080×1350px 권장). 조명이 잘 갖춰진 환경에서 촬영된 사진 또는 영상이 더 높은 반응을 얻는다. 필터 및 편집 스타일을 미리 정해 일관된 스타일을 유지한다.

캡션 작성

첫 문장은 강렬한 인상을 주어야 한다. "이 계정을 팔로우하면 당신의 삶이 더 풍요로워집니다!"와 같이 핵심 메시지를 명확하게 전달한다. 팔로워들의 참여를 유도하는 질문이나 CTA(Call to Action), 그러니까 "댓글로 여러분의 의견을 알려주세요!" 등의 문장도 포함한다.

해시태그 전략

무작정 많은 해시태그를 다는 것보다 내 계정 크기에 맞는 적절한 인기 해시태그와 나만의 맞춤형 해시태그를 조합해 사용하는 것이 효과적이다. 한 게시물당 최대 30개의 해시태그를 사용할 수 있지만, 실제로는 10~15개 정도를 추천한다. 만약 여행 콘텐츠를 올린다면 #지역명+여행, #여행스타그램, #트래블러, #숨은명소, #여행에미치다 등과 같은 대중적이면서도 관심 기반의 해시태그를 함께 사용하면 좋다.

게시 시간 최적화

타깃 팔로워가 가장 활발하게 활동하는 시간대(예: 오후 6~9시, 출퇴근 시간대 등)에 업로드한다. 이때 인스타그램 인사이트를 활용해 최적의 시간대를 분석하고 조정한다.

스토리 활용

게시물 업로드 후 스토리를 통해 알리면 도달률을 높일 수 있다. 첫 콘텐츠와 관련된 추가 정보, 비하인드 스토리 등을 함께 공유하면 효과적이다.

첫 24시간 반응 관리

게시 후 한두 시간 동안 반응을 최대한 끌어올리는 것이 중요하다. 댓글에 적극적으로 답변하고, 좋아요 및 공유를 유도하는 액션을 한다. 가능하다면 지인들에게 첫 게시물을 공유하도록 요청해 초기

반응을 유도한다.

첫 콘텐츠 이후 전략

첫 게시물 이후에는 일정한 업로드 주기를 설정하여 일관된 콘텐츠를 제공한다. 게시물에 대한 반응을 주기적으로 분석하는 것도 중요하다. 어떤 콘텐츠가 저장, 공유, 좋아요를 더 많이 받았는지 확인하고, 그 이유를 파악해 다음 콘텐츠 기획에 반영하는 방식으로 개선할 필요가 있다. 또한 팔로워와 지속적으로 소통하면서 계정을 성장시켜 나간다.

인스타그램의 시작은 단순히 계정을 개설하는 것뿐만 아니라 처음부터 명확한 전략을 갖고 운영하는 것이 중요하다. 첫 콘텐츠를 제대로 기획하고 업로드해 초기 도달률을 높이고 팔로워를 늘려보자.

초기에 팔로워를 늘리는 5가지 전략

인스타그램 초기에는 팔로워 수를 빠르게 늘리는 것이 매우 중요하다. 초기 팔로워가 많을수록 인스타그램 알고리즘이 계정을 활성화된 계정으로 인식하며, 탐색 탭이나 추천 피드에 노출될 확률이 높아진다. 초기에 팔로워를 빠르게 늘릴 수 있는 5가지 전략을 알아보자.

1. 콘텐츠의 양과 일관성 유지

초기에는 인스타그램 알고리즘에 '활성화된 계정'으로 인식되도록 콘텐츠를 자주, 일정하게 올리는 것이 중요하다. 릴스, 스토리, 피드 게시물 등 다양한 형식의 콘텐츠를 하루 1개 이상 업로드해야 한다. 특히 릴스와 스토리를 적극적으로 활용해 짧고 강렬한 영상을 자주 올리는 것이 좋다. 릴스의 알고리즘은 콘텐츠의 양과 일관성을 중요하게 평가한다. 초기에는 릴스를 매일 1~2개씩 올려 도달률을 높이는 편이 좋다.

2. 초기 유입을 위한 해시태그 전략

초기 단계에서는 중소 인기 해시태그와 틈새 해시태그를 적절히

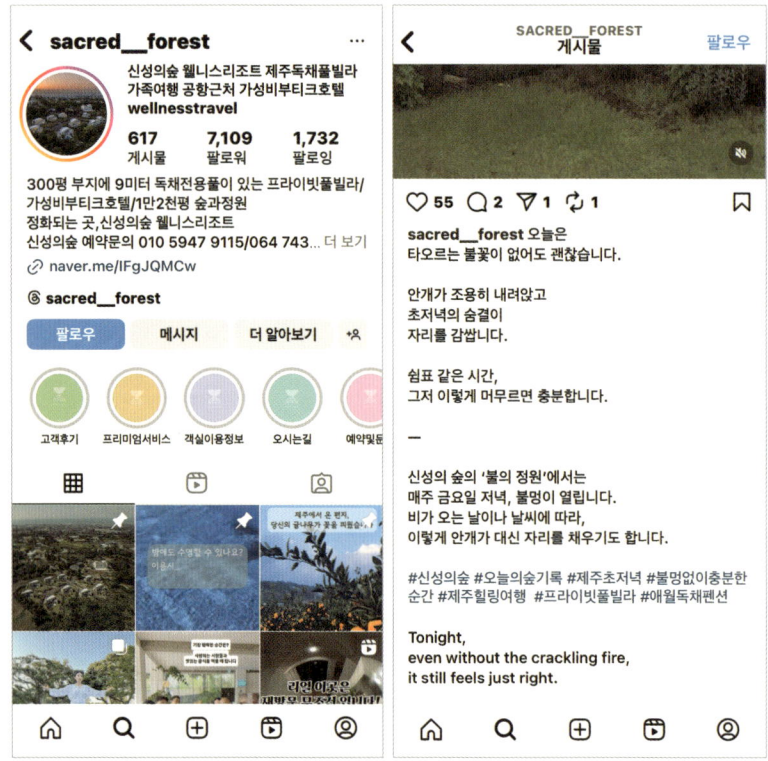

• 인스타그램 신성의숲(@sacred__forest)

혼합해 사용한다. 인기 해시태그는 노출을, 틈새 해시태그는 정확한 타깃에게 도달할 수 있게 해준다. 경쟁 계정을 참고하거나 Hashtag Expert, Later.com과 같은 트렌드 도구를 활용해 효과적인 해시태그를 찾아낸다.

예를 들어 @sacred_forest은 #제주여행, #제주풀빌라, #제주숙소 같은 인기 해시태그와 #제주도가족여행, #애월풀빌라 같은 틈새 해시태그를 병행해 초기 팔로워를 7천 명 이상 늘렸다.

3. 팔로워와의 소통

초기에는 직접 소통이 가장 효과적인 홍보 방법이다. 댓글에 빠르게 답변하고, 팔로워의 게시물에도 적극적으로 댓글을 다는 등 쌍방향 소통이 중요하다. 또 스토리에서 팔로워들의 의견을 묻거나, DM을 통해 직접 소통하면 팔로워들의 충성도가 높아진다.

4. 리그램(공유) 및 컬래버레이션 전략

팔로워 수가 많은 계정과의 컬래버레이션(합방, 콘텐츠 교환, 릴스 참여)을 통해 빠르게 팔로워를 늘릴 수 있다. 특히 인플루언서와의 협업으로 제품 리뷰, 콘텐츠 참여 등에 자연스럽게 노출되는 편이 좋다. 콘텐츠를 서로 공유(리그램)하거나 함께 참여할 수 있는 캠페인을 기획해보자.

5. 이벤트 및 경품 마케팅 활용

이벤트는 초기 팔로워 유입에 가장 빠른 효과를 볼 수 있는 전략이다. "좋아요 + 팔로우 + 친구 태그" 방식의 참여 이벤트, "이 게시물을 스토리로 공유하면 추첨을 통해 선물을 드립니다." 식의 스토리 공유 이벤트는 도달률을 극대화한다. 만약 경품 협찬 이벤트를 할 때 팔로워가 많은 계정이나 브랜드와 협업해 경품을 제공하면, 비용을 절감하면서도 홍보까지 되는 효과를 동시에 얻을 수 있다.

무엇보다 첫 1천 명의 팔로워를 만들기 위해서는 친구, 가족, 동료 등 지인 네트워크를 적극적으로 활용하는 것이 효과적이다. 단순히 팔로우를 요청하지 말고 계정의 취지나 콘텐츠 방향을 소개하고, 게시물을 공유해줄 것을 자연스럽게 부탁하는 편이 좋다.

또한 초기 3개월 동안은 하루 1개 이상의 게시물을 꾸준히 업로드해서 계정의 활성도를 높여야 한다. 이는 알고리즘이 계정을 신선하고 활발한 채널로 인식하게 해주며, 탐색 탭이나 추천 피드에 노출될 가능성을 높인다. 콘텐츠는 단순히 많이 올리는 것이 아니라, 계정 콘셉트에 맞는 일관된 톤과 메시지를 유지하는 것이 핵심이다.

정리해보면 초기에 팔로워를 많이 늘리기 위해서는 짧고 강렬한 릴스, 적극적인 소통, 이벤트 및 컬래버레이션을 효과적으로 활용하는 것이 중요하다. 이 방법들을 체계적으로 실행하면, 0에서 1만 팔로워까지 빠르게 성장할 수 있다. 충성도 높은 팔로워를 확보하기 위해서는 지속적인 소통과 일관된 콘텐츠 업로드가 중요하다.

결국 콘텐츠, 그리고 소통이 답이다

인스타그램 마케팅 성공의 핵심은 결국 콘텐츠의 질과 팔로워와의 소통에 있다. 단순히 많은 양의 콘텐츠를 올리는 것만으로는 팔로워의 관심을 지속적으로 유지할 수 없다. 콘텐츠와 소통을 효과적으로 활용하는 방법을 알아보자.

팔로워의 니즈에 답하는 콘텐츠 만들기

팔로워들이 원하는 정보를 제공하는 것이 가장 중요하다. 콘텐츠 주제를 선정할 때 팔로워 들이 가장 궁금해할 만한 것을 중심으로 구성한다. 경쟁 계정과 차별화된 주제를 다루거나, 같은 주제라도 나만의 관점과 스타일로 풀어내야 한다. 예를 들어 여행 계정이라면 어디서든 볼 수 있는 관광지 사진보다 여행 계정이라면 '숨은 여행지 소개', '여행 꿀팁', '여행 준비물 체크리스트' 같은 실질적인 정보를 공유해 차별화한다.

콘텐츠 주제를 차별화하는 방법도 있다. 팔로워가 쉽게 접하기 어려운 정보나, 색다른 시각으로 주제에 접근해야 한다. 만약 '자기계발' 주제라면 일반적인 명언보다는 '실패담'이나 '솔직한 고백' 같은 인간적인 면을 강조한 콘텐츠가 더 큰 공감을 얻는다.

또한 내 콘텐츠가 우연히 피드, 릴스, 탐색 탭에서 발견되어 프로필까지 방문하더라도 어떤 계정인지 불분명해 보이면 팔로워로 전환되기 어렵다. 그렇기 때문에 내 계정이 인스타그램을 하는 이유와 잠재적 팔로워에게 어떤 콘텐츠를 주어서 어떤 혜택을 받아갈 수 있는지 잘 설명해 놓는 것이 중요하다.

일관된 콘텐츠 주기 유지

인스타그램에서 팔로워의 기대감을 높이기 위해서는 정기적인 업로드 일정(예: 주 3회, 매일 아침 9시 등)이 필수다. 예를 들어 매주 월

요일에는 '동기부여 글', 수요일에는 '꿀팁 릴스', 금요일에는 '팔로워 Q&A'처럼 정기 콘텐츠를 구성하는 것이다. 팔로워는 예측 가능한 일정 속에서 콘텐츠를 기다리게 되고, 이는 자연스럽게 계정의 활성도와 팔로워의 충성도를 함께 끌어올리는 효과를 준다.

또한 인스타그램 알고리즘은 업로드 주기를 매우 중요하게 평가한다. 특히 릴스나 스토리를 자주 업로드하면 탐색 탭에 노출될 확률

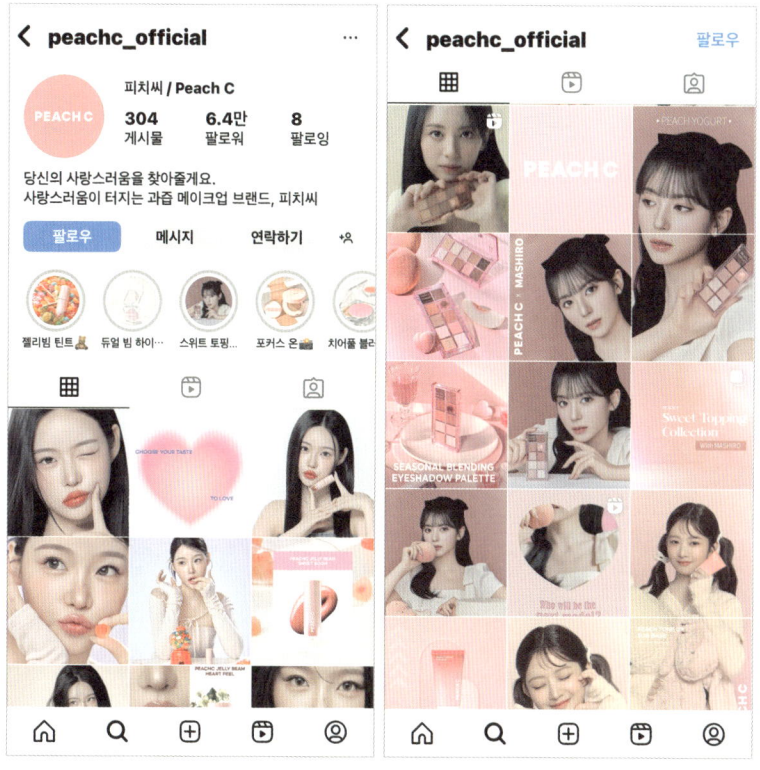

• 인스타그램 @peachc_official

이 높아진다.

콘텐츠 주기뿐만 아니라 콘텐츠의 스타일과 톤도 일관성 있게 유지하는 것이 중요하다. 필터, 색감, 폰트, 편집 방식 등을 통일감 있게 유지하면 피드 전체가 깔끔하고 전문적인 인상을 준다. 피치씨(@peachc_official) 계정은 전체적으로 핑크톤의 일관된 색감을 유지해 브랜드 아이덴티티를 시각적으로 강화하고 있다.

진정성 있는 소통

팔로워와의 신뢰 관계를 쌓기 위해 가장 중요한 요소는 진정성 있는 소통이다. 형식적인 인사말이나 자동화된 답변이 아닌, 진심 어린 댓글과 DM 응답은 팔로워로 하여금 브랜드나 계정에 대한 애정을 갖게 만들고, 충성 고객으로 이어지게 된다.

스토리와 DM, 댓글은 모두 실시간 소통을 가능하게 한다. 특히 질문, 투표, 퀴즈 기능 등을 활용한 스토리는 팔로워의 참여를 유도하고, 콘텐츠 제작에 필요한 피드백을 자연스럽게 수집할 수 있다. 라이브 방송은 가장 직접적인 실시간 커뮤니케이션 도구로, 팔로워와의 관계를 즉각적으로 심화시킬 수 있다.

또한 팔로워의 콘텐츠를 리그램하거나, Q&A 형식의 콘텐츠를 통해 팔로워를 주인공으로 만들어주는 방식은 커뮤니티를 구축하는 데 효과적이다. 서로의 스토리를 나누고, 챌린지(예: #30일루틴챌린지) 참여나 사연 공유 콘텐츠를 통해 소속감을 느끼게 한다. 더 나아가 충성도 높은 팬덤 문화를 형성하면 자연스러운 홍보와 바이럴 효과를 얻을 수 있다.

댓글 역시 중요한 소통 창구다. 팔로워들의 의견을 물어보는 질문형 캡션을 작성하거나, 댓글로 받은 의견을 실제 콘텐츠로 반영할 수도 있다. 예를 들어 "여러분은 어떻게 생각하세요?", "가장 마음에 드는 여행지는 어디인가요?"와 같은 질문형 댓글은 팔로워들의 참여를 자연스럽게 이끈다.

마지막으로 릴스를 활용할 수도 있다. 릴스는 짧지만 임팩트 있는 콘텐츠로, 도달률을 극대화할 수 있다. 3초 안에 시선을 사로잡는 후킹(hooking)을 사용하고, 짧고 강렬한 편집을 통해 반복 시청을 유도한다.

콘텐츠 분석과 소통의 균형

인스타그램 마케팅에서 무엇보다 중요한 것은 반응을 분석하고 그에 맞춰 전략을 수정하는 일이다. 이를 위해 인스타그램 인사이트 기능을 적극 활용하면, 어떤 콘텐츠가 가장 많은 반응을 얻었는지, 어떤 주제나 스타일이 팔로워에게 인기가 있었는지를 객관적으로 파악

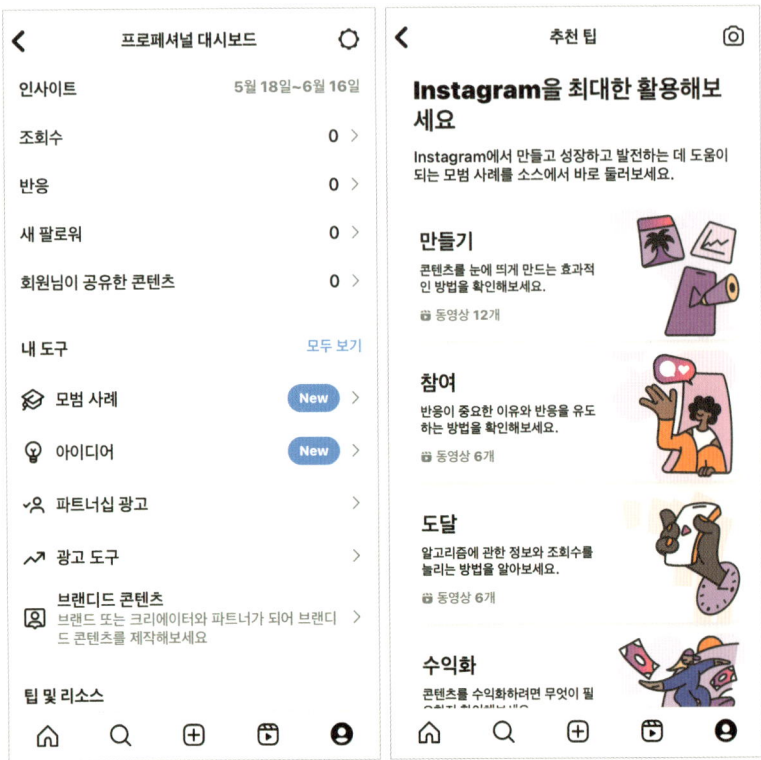

- 인스타그램 프로페셔널 인사이트

할 수 있다.

이렇게 댓글 수, 좋아요 수, 저장 및 공유 수 등 주요 지표를 분석하고, 팔로워의 피드백을 수렴해 반응형 콘텐츠를 제작하는 것이 핵심이다. 예를 들어 댓글에서 자주 언급된 질문을 다음 콘텐츠의 주제로 삼아 심화 설명하는 것이다.

또한 콘텐츠와 소통의 균형을 유지하는 것도 매우 중요하다. 아무리 고퀄리티 콘텐츠라 해도 팔로워와의 상호작용이 부족하면 이탈률이 높아진다. 반대로 활발한 소통이 이뤄지는 계정은 자연스럽게 팔로워를 얻는다. 단방향이 아닌 쌍방향 소통, 즉 댓글과 DM 답변, 스토리를 통한 실시간 소통이 병행되어야 함을 잊지 말자.

정리하자면 인스타그램에서 성공적인 운영을 위해서는 다음의 3가지가 핵심이다.

① 콘텐츠의 질을 유지하면서 일관성 있는 업로드 전략을 지속할 것
② 팔로워들과 적극적으로 소통하며 진정한 관계를 구축할 것
③ 라이브 방송과 스토리를 활용해 실시간 소통을 강화할 것

그런 다음 콘텐츠의 반응을 정기적으로 분석하고, 소통을 중심으로 전략을 조정하는 자세가 인스타그램 마케팅을 성공으로 이끌 것이다.

인스타그램을 고객 관리에 활용하는 방법

우연히 듣게 된 어느 소셜미디어 마케팅 강의에서 "인스타그램은 소통의 창구가 아니다."라는 말을 들은 적이 있다. 다른 SNS 마케팅에 대해서는 잘 알지 몰라도 인스타그램에 대해서는 잘 모르는 강사라는 생각이 들었다.

소셜미디어의 장점 중 하나는 최소의 비용으로 최대의 효과를 낼 수 있다는 것이다. 우리는 수많은 광고가 넘쳐나는 '광고 홍수시대'에 살고 있다. 소셜미디어를 이용해 광고인 듯 광고 아닌 광고를 함으로써 아주 작은 기업부터 소상공인, 자영업자, 개인까지 대기업과 붙어볼 수 있는 기회가 생겨났다.

물론 필자는 대기업 SNS 계정에 사진을 제공한 경험이 있어 기업이 SNS 계정에 얼마나 많은 비용과 시간을 들이는지 알고 있다. 어쩌면 작디작은 우리와 대기업은 SNS에서도 금수저와 흙수저처럼 평등하지 않을 수도 있다.

콘텐츠와 소통의 중요성

SNS 마케팅에 도전하기 위해서는 콘텐츠가 가장 중요하다고 수도 없이 설명했다. 어느 마케팅 전문가, 강사, 실전 고수든 '기-승-전-콘텐츠'라고 확신에 차서 말할 것이다. 그럼 그다음으로 중요한 것은 무엇일까? 바로 소통이다. SNS의 최대 장점은 잠재고객 또는 단골고객을 친구로 만들고 더 나아가 팬으로 만들 수 있다는 것이다.

어린 시절 새 학기가 되었을 때 새 친구를 사귀려면 어떻게 해야 했던가. 어색한 첫 만남을 지나 조심스럽지만 조금씩 이야기를 나눈다. 서로의 관심사를 파악하기 위해 노력하고 관심사가 맞다면 더욱더 금방 친해질 수 있다. 인스타그램에서도 우리는 잠재고객을 친구로 만들어야 한다. 또 우리의 제품과 서비스를 좋아하는 팬으로 만들어야 한다.

TV, 라디오 등 매스미디어는 일방적으로 콘텐츠를 전달하는 방식이었지만 이제는 쌍방향 미디어가 대세다. 우리의 콘텐츠를 본 고객들의 반응을 바로 알 수 있으며 그 반응에 대응할 수도 있다. 또한 본 계정의 맞댓글이 콘텐츠의 질을 높여주는 방향으로 인스타그램의 로직이 바뀌었음을 명심하자.

인스타그램으로 고객 관계 관리(CRM)

그렇다면 인스타그램을 통한 고객 관계 관리(CRM)에는 어떤 것이 있을까? 여행, 항공, 호텔, 통신 등 전문서비스 업종이 아니더라도 최근 모든 업종에서 고객서비스는 회사를 존재하게 하는 중요한 가치다.

예전의 CRM은 고객서비스센터 또는 홈페이지의 고객게시판 정도가 전부였다. 제품 또는 서비스에 불만이 있다면 고객서비스센터에 전화하거나 고객게시판에 문의나 항의의 글을 올려야 했다. 하지만 최근엔 모든 사람이 증거 콘텐츠(사진 또는 동영상)를 만들어 주변인에게 전파할 수 있는 1인 미디어 시대다. 거기서 끝나면 다행이겠지만 인터넷미디어 업체는 논란거리가 있을 만한 콘텐츠를 다시 한번 터뜨리며 뉴스거리를 만들어낸다.

최근 잇따라 터지는 대기업 오너들의 갑질 논란은 예전 같은 미디어 생태계였다면 조용히 묻혔을지도 모른다. 그런데 지금은 피해자의 녹음파일, 사진, 동영상 등의 증거가 콘텐츠로 만들어져 개인 SNS에 게재되고 인터넷에서 퍼진다. 그 논란은 다시 뉴스, 신문, 언론 등을 통해 전 국민에게 알려진다. 정말 사소한 고객의 불만이라 할지라도 대응하지 않고 무시하는 순간 그 고객의 주변인 그리고 SNS에 퍼지는 일은 순식간일지도 모른다.

필자는 특급호텔에서 11년간 근무한 바 있다. 고객의 작은 불만이라도 직원은 그 회사를 대표해서 고객의 반응에 적극 대응해야 더 큰 컴플레인을 미연에 방지할 수 있다. 통상적으로 불만고객 1명은 예비고객 20명에게 영향을 미친다고 한다. 하지만 클레임을 표출한 고객이 만족스러운 해결책과 결과를 얻는다면 충성고객이 될 확률이 더욱 높아진다.

SNS는 곧 우리 회사의 직원이 될 수도 있고 회사의 고객센터가 될 수도 있다. 그럼에도 불구하고 SNS가 CRM의 역할을 할 수 있다는 것을 놓치는 경우가 많다. SNS를 이용한 CRM의 실제 활용에 대해서 필자의 경험을 이야기해보겠다.

필자는 몇 년 전 제주도로 가족여행을 간 적이 있다. 필자가 다녔던 호텔과 같은 계열사인 한화리조트를 이용했다. 비가 많이 내리는 저녁이라 리조트 내에서 식사를 해결하고자 리조트에서 운영하는 고깃집에 가기로 했다. 제주도답게 흑돼지 바비큐가 메인메뉴다. 리조트 내에 있는 식당이다 보니 상당수가 가족 단위의 고객들이었으며, 그중 절반 이상이 어린아이를 동반한 고객이었다. 우리 가족 또한 유치원생 아이 둘이 있었다. 그런데 고기 이외에 아이들이 먹을 만한 반찬(된장국, 미역국, 김 정도의 반찬)이 없어서 직원에게 문의하니 따로 준비된 메뉴가 없다는 대답을 들었다.

결국 비를 헤치고 편의점까지 가서 즉석 미역국과 김을 사와 해결했다. 우리는 이에 대한 불만이 생겼지만 직원에게 따로 불만을 제기하진 않았다. 그 대신에 인스타그램에 사진과 함께 약간의 불만을 올리면서 한화리조트의 인스타그램 계정을 태그했다.

필자가 다녔던 회사와 같은 계열사여서 직접 컴플레인을 제기하지 않고 조금은 애정 어린 시선으로 문제제기를 하고 싶었고, 실제로 SNS에서 어떻게 대응하는지 보고 싶은 마음도 있었다. 그런데 얼마 후 한화리조트 공식계정에 답글이 달렸다. "불편을 끼쳐드려 죄송하며 고객님께서 말씀하신 대로 어린이 메뉴에 신경 쓸 수 있도록 한화리조트 제주지점에 확인하고 조치하겠다."라는 답글이 달린 것이다.

추후에 어떤 조치가 취해졌는지 또는 다른 지점까지 확대해서 메뉴를 점검하고 개선했는지 체크해보지는 않았다. 하지만 SNS에서 고객의 작은 문제제기조차 허투루 듣지 않고 고객만족을 위해 노력하는 회사를 고객은 어떻게 생각할까? 필자가 한화호텔 직원이 아닌 실제 고객이었다면 한화리조트의 이러한 대응에 어떤 마음이 들었을까?

호텔 및 리조트 등의 서비스 업종은 고객만족 자체가 주된 목표다. 고객의 작은 불만이라도 바로 응대하는 것이 고객관리의 기본이다. 한화그룹은 한화데이즈라는 이름으로 블로그, 페이스북, 인스타그램 등 SNS 채널을 잘 관리하기로 유명한 회사다. 단지 콘텐츠만 잘 만들어 공유하는 회사가 아님을 다시 한번 느낄 수 있는 경험이었다.

수많은 고객들을 상대로 하는 대기업에서조차 SNS를 고객과의 관계 형성에 중요한 도구로 생각하고 있다. 가끔 인스타그램 계정 중에 "댓글이나 DM으로 문의하지 마세요."라고 프로필에 당당하게 적어놓은 업체가 보인다. 고객과의 관계 관리에 있어서 넘어오지 말라고 선을 긋고 있는 건 아닌지 되묻고 싶다.

PART 3

특별한 인스타그램 마케팅 시작하기

성공 사례에서 배우는 벤치마킹의 정석

인스타그램 마케팅에서 벤치마킹은 성공으로 가는 지름길이다. 똑같이 흉내 내는 것이 아니라 자신만의 스타일로 재해석하고 콘텐츠에 녹여내는 과정이 필요하다. 벤치마킹을 통해 검증된 콘텐츠 전략을 배우고, 이를 나만의 색깔로 표현하면 팔로워의 관심을 끌 수 있을 것이다.

벤치마킹 대상 선정하기

벤치마킹의 대상은 어떻게 선정해야 할까? 먼저 경쟁 계정 분석이다. 나와 비슷한 주제를 다루면서 팔로워 수가 많은 계정을 찾아야 한다. 특히 반응이 좋은 콘텐츠 주제, 팔로워와의 소통 방식, 업로드 주기 등에서 힌트를 얻을 수 있다.

해당 업계에서 영향력 있는 계정이나 해외 트렌드를 선도하는 인플루언서 계정을 참고하는 것도 좋은 방법이다. 상대적으로 빠른 해외 트렌드를 한국 문화에 맞게 변형해 적용하면 새로운 콘텐츠 아이디어를 얻을 수 있다.

벤치마킹할 때는 콘텐츠 주제와 형식, 캡션 구성, 해시태그 사용, 업로드 빈도와 시간대까지 꼼꼼히 살펴봐야 한다. 어떤 주제의 콘텐츠가 반응이 좋은지, 예를 들어 정보성 콘텐츠, 감성적인 스토리, 챌린지 콘텐츠 등으로 분류해볼 수도 있다. 게시물에 달린 공감 문구와 해시태그 사용법도 참고하고, 팔로워와의 소통 방식도 관찰해 나만의 방식으로 적용해본다.

벤치마킹할 계정을 찾았다면 그 계정이 아이디나 프로필을 어떻게 꾸몄고, 사진이나 영상은 어떤 식으로 촬영을 하고, 어떻게 편집하는지, 자주 쓰는 해시태그는 무엇인지, 글은 어떻게 작성하는지, 이벤트는 언제 어떤 식으로 하는지, 언제 주로 업로드하는지 등을 살펴본다.

인스타그램은 시간순이 아닌 친밀도나 참여율에 따라 더 자주 나타나므로 '좋아요'나 댓글을 더 많이 달면 그 계정의 게시물이 내 피드에 더 자주 올라온다. 그러나 내가 벤치마킹하는 계정이 경쟁사의 것이라면 이 계정으로 그런 활동을 하기 어려울 수도 있다. 그럴 때는 다른 서브계정으로 팔로우할 수도 있지만 사실 좀 더 확실한 방법이 있다. 여기에서 벤치마킹 계정을 잘 살펴볼 수 있는 꿀팁을 하나 공개하겠다. 인스타그램에선 자신이 원하는 계정의 게시물을 놓치지 않고 보는 게시물 알림 설정 기능이 있는데, 이것을 활용하는 방법이다.

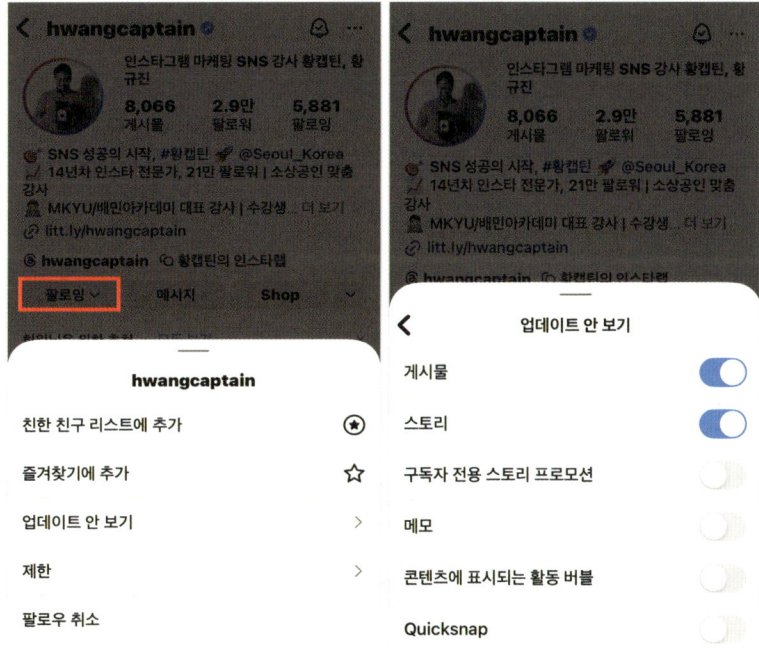

• 팔로잉 버튼을 눌러 해당 계정의 설정을 할 수 있다.

1. 놓치고 싶지 않은 벤치마킹 계정의 프로필을 확인한다.
2. 벤치마킹 계정의 팔로잉 버튼을 클릭 후 게시물 알림 설정과 스토리 알림 설정을 활성화한다.
3. 설정한 계정에서 인스타그램 게시물 또는 스토리 업로드 시 나에게 알림이 온다.

벤치마킹 계정의 하루 업로드 빈도수, 업로드 시간, 게시물 등을 참고해서 계정 운영에 적극 활용한다.

벤치마킹 적용하기

벤치마킹에서 중요한 건 그대로 따라 하지 않는 것이다. 단순한 모방은 오히려 계정의 정체성을 흐릴 수 있다.

벤치마킹을 통해 얻은 아이디어는 자신의 톤앤매너에 맞게 변형하고, 스토리텔링을 더해 콘텐츠에 몰입감을 높여야 한다. 반응이 좋은 콘텐츠 구조를 분석해 나만의 공식으로 재구성해 적용한다. '문제 제기 → 해결책 제시 → 경험 공유'와 같이 구조화하는 것이다. 하나의 콘텐츠를 만들었다면 릴스, 스토리, 스레드 등 다양한 형태로 확장하는 OSMU(One Source Multi Use) 전략도 유용하다.

벤치마킹 후에는 실험과 분석 과정이 필수다. 벤치마킹한 콘텐츠와 나만의 스타일로 제작한 콘텐츠를 두고 비교해 반응을 분석한다. 인스타그램 인사이트를 활용해 도달률, 노출, 저장, 공유, 댓글 등의 데이터를 분석해본다.

반응이 좋았던 포인트를 다음 콘텐츠에 반영하면서 지속적으로 전략을 개선해나간다. 이때 성공한 사례뿐 아니라 반응이 저조했던 사례도 함께 분석해 반면교사로 삼는 것이 중요하다.

트렌드에 기민하게 반응해야 한다. 밈(Meme)이나 챌린지 콘텐츠를 자신만의 방식으로 재해석해보자. 예를 들어 해외에서 인기 있는 챌린지를 한국 문화에 맞게 변형해 콘텐츠를 제작할 수도 있을 것이다.

벤치마킹은 성공 사례에서 인사이트를 얻고, 이를 자신만의 스타일로 재해석해 팔로워와의 강력한 연결고리를 만드는 과정이다. 모방은 창조의 어머니라고 했다. 모방을 통해 새로운 시각과 해석을 얻고 성공적인 콘텐츠 전략을 구축해보자.

관심 있는 콘텐츠를 더 많이 보는 방법

- **계정 즐겨찾기**

  특정 계정을 즐겨찾기에 추가하면 해당 계정의 콘텐츠가 피드 상단에 더 자주 등장하며, '즐겨찾기 피드'에서 이들 계정의 게시물만 따로 확인할 수도 있다. '팔로잉 피드'를 선택하면 팔로우한 계정의 게시물을 시간순으로 볼 수 있어 최신 게시물을 놓치지 않고 확인할 수 있다.

- **'관심 없음' 옵션 사용하기**

  관심이 없거나 본인에게 관련이 없는 게시물을 보면 점 3개 메뉴를 누르고 '관심 없음'을 선택하거나 홈의 추천 게시물 오른쪽 상단에서 X를 누른다. '관심 없음'을 누르면 해당 게시물이 피드에서 즉시 삭제되며, 앞으로 이와 비슷한 게시물이 더 적게 추천된다.

- **추천 게시물 잠시 숨기기**

  피드에 표시되는 추천 게시물은 관심이 있을 만한 계정의 게시물이다. 하지만 피드에서 잠시 추천 게시물을 보고 싶지 않다면 30일 동안 숨길 수 있다. 추천 게시물을 잠시 숨기려면 오른쪽 상단의 X를 누른 다음 '30일 동안 피드에서 모든 추천 게시물을 잠시 숨김'을 누르면 된다.

 # 아이디와 태그를 선점하라

아이디 및 활동명 정하기

인스타그램에서 아이디와 활동명은 브랜드 정체성을 구축하고, 팔로워에게 기억되기 위한 첫 번째 요소다. 특히 아이디는 계정을 검색하고 찾는 데 도움이 되게 간결하고 기억하기 쉬워야 한다. 활동명은 계정의 분위기와 성격을 결정짓고, 팔로워에게 첫인상과 같기 때문에 신중하게 결정해야 한다.

아이디 및 활동명 정할 때는 다음의 사항을 고려한다.

1. 이름과 별명을 활용하라

자신의 이름이나 별명을 활용하면 개인 브랜딩에 효과적이다. 예를 들어 필자는 어렸을 때 별명이 '황대장'이었고, 이메일을 만들면서 'hwangcaptain@hanmail.net'으로 설정했다. 이후 인스타그램 아이디도 @hwangcaptain으로 설정하며 '캡틴'이라는 대장, 비행기 기장, 선장, 주장 등의 긍정적인 의미를 활용해 모든 소셜 미디어에서 '황캡

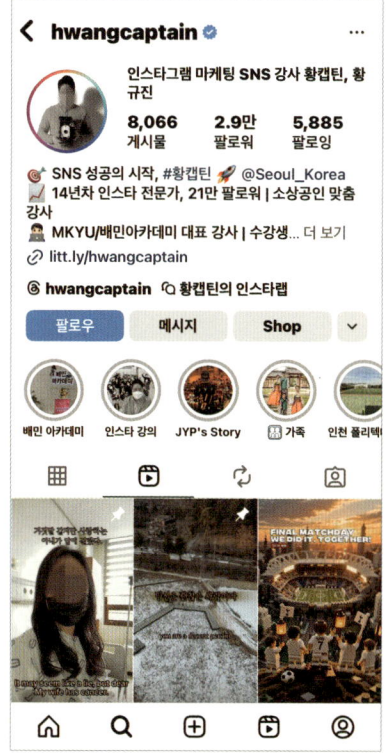

• 인스타그램 @hwangcaptain

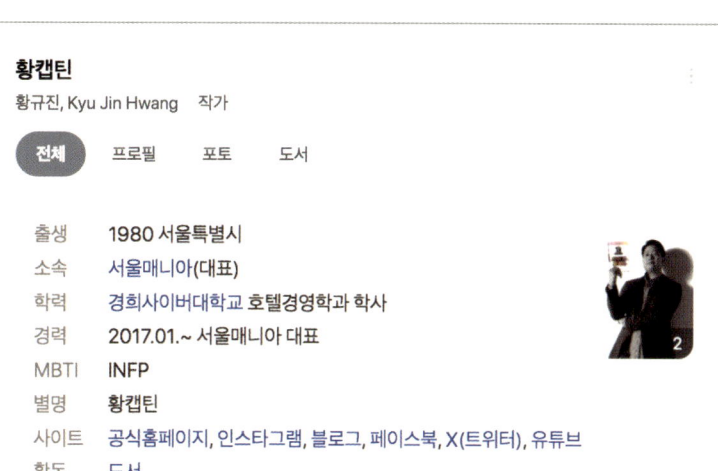

• 네이버에서 검색 시 나오는 인물 정보

틴'으로 활동하고 있다. 심지어 네이버 인물등록도 황캡틴으로 등록하여 통일성과 인지도를 높였다.

2. 이름, 성, 별명, 특징, 직업 등을 조합하라

아이디를 만들 때는 이름, 성, 별명, 특징, 직업 등을 조합하는 방식이 유용하다.

- 이름: 본명이나 성을 변형
  예: @minnie(민희), @juneism(준)
- 별명: 어렸을 때 별명이나 친구들이 불렀던 이름을 활용
  예: @jjangkoo(짱구), @ggomo(꼬모)

- 특징: 자신의 특징이나 취미, 관심사를 반영

  예: @coffeeholic(커피덕후), @runwithme(러너)
- 직업: 직업이나 전문성을 나타내는 이름

  예: @coachkim(김코치), @bakerchoi(최 제빵사)

이를 조합해보는 것도 좋은 방법이다.

- 이름 + 직업: @kimphotographer(김포토그래퍼), @leechef(이셰프)
- 취미 + 특징: @yogamom(요가맘), @bookworm(책덕후)
- 별명 + 활동명: @hwangcaptain(황캡틴), @dancingjun(춤추는준)

중요한 것은 너무 길거나 복잡하지 않아야 하며, 발음하기 쉽고 기억하기 쉬운 형태로 구성하는 것이다. 가급적 8자 이내로 설정하고, 언더바(_)나 점(.) 사용은 최소화하는 것이 좋다.

3. 정할 때 주의할 점

인기 있는 아이디는 이미 사용 중일 수 있으므로 다양한 조합과 변형을 시도하며 중복 여부를 확인해야 한다. 또한 특정 언어나 문화에서 부정적 의미로 해석될 수 있는 단어는 피하고, 상표권이나 저작권 문제가 있는 명칭도 사용을 삼가야 한다. 무심코 만든 아이디가 상표권 침해로 계정 정지로 이어질 수 있기 때문이다.

4. OSMU 전략과 연계

아이디와 활동명을 통일성 있게 설정하면 블로그, 유튜브, 스레드, 트위터 등 다양한 플랫폼에서 일관된 브랜딩이 가능하다. 이는 OSMU 전략과도 연결되어, 하나의 콘텐츠를 여러 채널로 확장해 나갈 때 브랜드 인지도를 더욱 극대화시킨다.

아이디와 활동명은 인스타그램 브랜딩의 출발점이다. 쉽게 기억되고, 긍정적인 이미지를 줄 수 있으며, 나만의 색깔을 담은 이름은 계정의 매력을 높이는 데 큰 역할을 한다. 특히 이름, 별명, 직업, 특징 등 나만의 고유한 요소를 반영하면 친근감과 신뢰도를 높일 수 있다. 브랜드든 개인이든, 자신만의 고유한 정체성을 담은 아이디를 설정해보자.

해시태그 공략법

해시태그(hashtag)는 게시물에 일종의 꼬리표를 다는 기능이다. 특정 단어 또는 문구 앞에 해시 기호(#)를 붙여 연관된 정보를 한데 묶을 때 쓴다. '해시(hash) 기호를 써서 게시물을 묶는다(tag)'고 해서 해시태그라는 이름이 붙었다. 해시 기호 뒤 문구는 띄어 쓰지 않는다. 띄어 쓸 경우 해시태그가 아닌 것으로 인식하기 때문이다.

아이디와 마찬가지로 해시태그 또한 브랜드 정체성을 나타내는

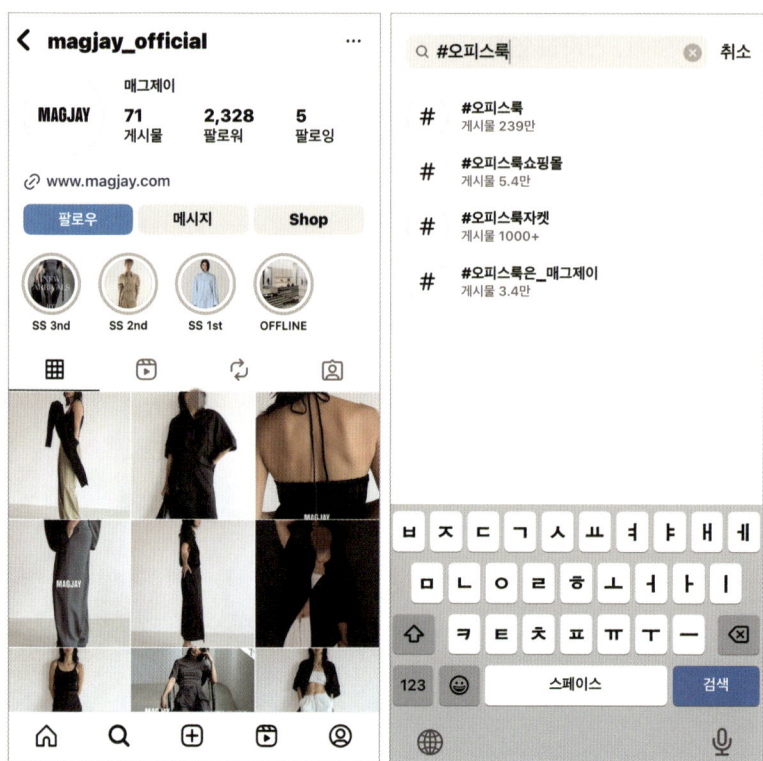

• 해시태그 #오피스룩은_매그제이

중요한 요소다. 특히 해시태그는 중복 사용이 가능하므로, 브랜드만의 고유 해시태그를 선점하고 일관되게 활용하는 것이 브랜딩 전략에 매우 효과적이다. 예를 들어 여행 관련 계정이라면 #여행꿀팁, #숨은명소, #감성여행 같은 해시태그를 미리 선정하고, 지속적으로 콘텐츠에 삽입함으로써 검색 기반 유입을 극대화할 수 있다.

인기 있는 대형 해시태그만을 사용하는 것이 능사는 아니다. #오피스룩 해시태그는 240만 건의 게시물이 있어 경쟁이 치열하다. 브랜드 '매그제이'는 차별화된 전략을 사용했다. 바로 '#오피스룩은_매그제이'라는 브랜드 연계형 해시태그를 자체적으로 만들어, 3만 건이 넘는 콘텐츠를 축적했다. 그렇게 되면 #오피스룩을 검색하는 잠재고객에게 매그제이라는 브랜드를 발견하게 만들고 내 계정까지 오게 만들 수 있다.

검색에 유리한 매력적인 프로필 만들기

 인스타그램 프로필은 팔로워의 첫인상을 좌우하기 때문에 중요하다. 사용자가 계정을 처음 방문했을 때 팔로우 여부를 결정짓기도 한다. 단 몇 초 만에 브랜드의 첫인상을 전달해야 하므로, 프로필 구성은 명확하고 매력적이어야 한다.

 프로필은 어떻게 작성해야 할까? 검색 최적화를 고려해 닉네임(Nickname)과 설명(Bio)에 핵심 키워드를 포함시키는 것이 중요하다. 예를 들어 여행 관련 계정이라면 '여행', '트래블러', '여행가이드'와 같은 단어를 활용해 잠재 팔로워의 검색 유입을 유도할 수 있다.

 바이오 문구에는 계정의 정체성과 팔로워가 얻을 수 있는 가치를 명확하게 제시한다. 예를 들어, '숨은 명소를 소개하는 여행 가이드'처럼 구체적인 역할을 표현하거나, '매일 아침 긍정 에너지 충전!'과 같은 감성적인 문구로 공감대를 형성할 수도 있다. 여기에 CTA(Call to Action) 문구를 삽입해 '지금 링크 클릭!', '팔로우하고 꿀팁 받아가세요'와 같이 행동을 유도하면 전환율을 높인다.

또한 프로필 사진은 브랜드 로고나 주제와 직결되는 이미지로 설정해야 하며, 외부 플랫폼으로 연결되는 링크에는 블로그, 유튜브, 뉴스레터 등 다양한 채널을 연동해 OSMU 전략을 강화시킨다.

• 인스타그램 프로필 편집

소개란 설정하기

　소개란은 브랜드 또는 개인이 소개를 적는 공간이다. 일반적으로 깔끔하게 보이기 위해 필자처럼 맨 앞쪽에 이모티콘을 활용하거나 줄바꿈을 잘 하는 것이 좋으며, 한글은 최대 150자까지 가능하다.

　프로필의 소개란은 보이기에 깔끔한 것이 가장 중요하며 본인의 성향, 약력, 관심사 등에 대해 취향에 맞게 설명하면 된다. 또한 가장 마지막에 가급적 인스타그램의 유일한 링크 삽입이 가능한 프로필 웹 사이트의 전환을 위한 간단한 소개가 들어가게 할 것을 추천한다.

　특히 ChatGPT와 같은 AI 도구를 활용하면 프로필 최적화에 큰 도움을 받을 수 있다. 예를 들어, '짧고 임팩트 있는 동기부여 문구를 만들어줘'라고 요청하면 수십 가지 바이오 문구 예시를 받아볼 수 있고, 이를 바탕으로 브랜드 콘셉트에 가장 적합한 문구를 선택해 적용할 수 있다. 또한 키워드 분석 기능을 활용해 검색 가능성이 높은 단어를 선별하고, 이를 프로필 곳곳에 자연스럽게 반영하면 검색 유입 효과를 극대화할 수 있다.

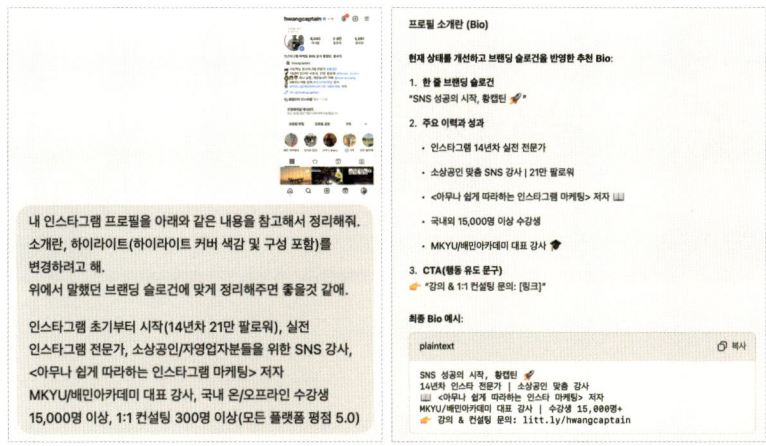

- 정체성을 드러내는 프로필을 설정하기 위한 정보 입력

- 프로필 적용

Part 3 특별한 인스타그램 마케팅 시작하기

같은 콘셉트의 콘텐츠를 업로드하라

　인스타그램을 성공적으로 운영하려면 브랜드 아이덴티티를 드러내는 일관성 있는 콘텐츠, 검색 최적화, 그리고 매력적인 프로필 구성이 핵심이다.

　콘텐츠의 일관성은 팔로워가 계정을 팔로우하게 만드는 중요한 요소 중 하나다. 계정의 방향성과 톤이 일관되면 팔로워는 앞으로 어떤 콘텐츠가 올라올지 예측할 수 있기 때문에 기대감을 갖게 된다. 예를 들어 여행 계정이라면 '여행지 소개 → 여행 꿀팁 → 여행 에피소드'와 같이 연결된 시리즈 콘텐츠를 기획하거나, 브랜드 계정이라면 '제품 소개 → 사용 후기 → 활용법'으로 구성된 포맷을 반복적으로 선보이면 좋다.

스타일 면에서도 필터, 색감, 편집 방식, 캡션 톤까지 일관되게 유지해 브랜드 정체성을 강화해야 한다. 실제로 코스메쉐프(@cosmechef.suhyang) 계정은 '성분 분석' → '사용 후 장단점' → '활용 꿀팁' 콘텐츠를 일관되게 구성해 높은 신뢰를 얻고 있다.

검색 최적화(SEO)를 고려한 콘텐츠 기획도 중요하다. 인스타그램 검색은 키워드 기반으로 작동하므로, 게시물 캡션, 해시태그, 계정 이

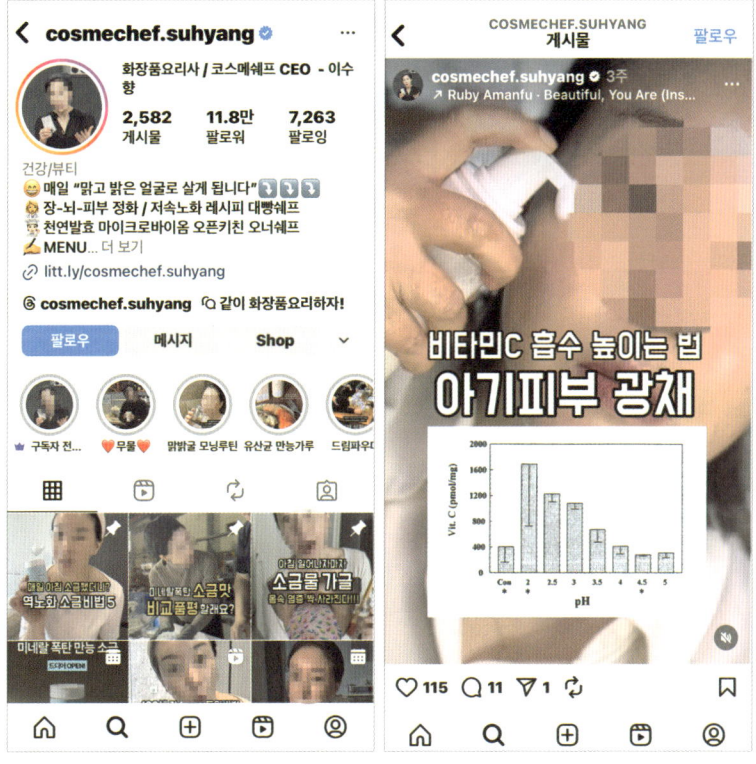

• 인스타그램 @cosmechef.suhyang

름에 타깃 키워드를 포함시켜야 한다. 릴스, 피드, 스토리 등 다양한 포맷을 활용하면 각 알고리즘이 개별적으로 작동해 노출 기회도 많아진다.

이때 ChatGPT와 같은 AI 도구를 활용하면 더욱 효과적이다. 만약 여행 계정을 운영한다면 "여행 관련 인기 해시태그와 트렌디한 주제를 추천해줘"라고 요청해 현재 인기가 많은 여행 트렌드와 해시태그 리스트를 받을 수 있다. 이를 통해 콘텐츠 기획의 방향성을 잡고, 검색 노출 가능성을 극대화시키면 된다.

마지막으로 콘텐츠와 소통 전략을 동시에 고려해야 한다. 주제와 톤을 일관되게 유지하는 콘텐츠 외에도, 댓글과 DM을 통해 팔로워와 진정성 있게 소통해야 한다. 질문을 던지거나 투표 기능을 활용한 스토리를 통해 팔로워의 참여를 유도하고, 커뮤니티 형성을 통해 충성고객을 만들어간다. 팔로워 수만 늘리려고 하기보다는 지속적으로 소통하며 함께 성장하는 계정을 만드는 것이 중요하다.

인스타그램을 특별하게 시작하기 위한 3가지 핵심 포인트는 다음과 같다.

- 아이디와 해시태그를 선점하여 검색 노출을 극대화하라.
- 매력적인 프로필을 구성하여 방문자에게 강렬한 첫인상을 남겨라.
- 콘텐츠의 주제와 스타일을 일관되게 유지하며 브랜드 정체성을 강화하라.

인스타그램은 콘텐츠, 소통, 검색 최적화가 유기적으로 작동해야 성장할 수 있다. 전략적으로 접근하고, 진정성 있게 운영하면 팔로워가 신뢰하고 다시 찾는 계정으로 거듭나보자.

팔로워 수에 목숨 걸지 말자

인스타그램을 시작하면 많은 이들이 팔로워 수에 집착한다. 하지만 팔로워 수만 많다고 해서 성공적인 인스타그램 운영이라고 할 수는 없다. 오히려 질 높은 콘텐츠, 충성도 높은 팬층, 지속적인 소통이 더 중요하다. 다음은 팔로워 수에 얽매이지 않고도 영향력 있는 계정을 만드는 전략이다.

1. 인게이지먼트 중심의 운영 전략

인게이지먼트(Engagement)는 인스타그램에서 팔로워와의 상호작용 정도를 나타내는 핵심 지표다. 게시물에 사용자가 얼마나 적극적으로 반응하고 참여했는지를 알 수 있다.

인스타그램 알고리즘은 팔로워 수보다 댓글, 좋아요, 공유, 저장 같은 참여도를 더 높게 평가한다. 특히 댓글은 가장 중요한 인게이지먼트 지표 중 하나다. "여러분은 어떻게 생각하세요?", "가장 인상 깊은 장소는 어디인가요?", "댓글로 의견을 남겨주세요!"처럼 팔로워의 생각을 묻는 질문형 캡션을 활용해 댓글 참여를 유도한다. 이는 알고리즘 노출뿐 아니라 팔로워와의 관계 형성에도 도움이 된다.

2. 가짜 팔로워보다 충성도 높은 팬 확보

가짜 팔로워보다 충성도 높은 팬을 확보하는 것이 더 중요하다. 숫자만 채우기 위해 비활성 계정이나 가짜 팔로워를 늘리는 경우 오히려 인게이지먼트 비율이 낮아져 알고리즘에 부정적인 영향을 준다. 자주 소통하고 콘텐츠에 공감하는 진짜 팬을 늘릴 수 있도록 진정성 있는 소통과 팔로워가 공감할 수 있는 콘텐츠를 지속적으로 제공해야 한다.

3. 팔로워 수보다 콘텐츠 품질에 집중

팔로워 수는 결과일 뿐 목표가 아니다. 고퀄리티 콘텐츠는 자연스럽게 팔로워를 끌어들인다. 선명한 이미지, 임팩트 있는 영상 편집, 유익한 정보 등을 제공하면 팔로워 수는 자연스럽게 뒤따르게 된다.

4. 소규모 팔로워 커뮤니티의 힘

팔로워 수가 적더라도 강한 결속력과 참여도를 가진 커뮤니티는 큰 영향력을 발휘한다. 지역 기반 커뮤니티를 형성하거나, 특정 관심사(예: 비건 라이프, 미니멀리즘)에 집중하면 팔로워 수는 적어도 강력한 팬층을 만들 수 있다.

파트 1에서도 살펴보았지만, 성수동 지역 커뮤니티를 운영하는 @paulseee 계정은 팔로워 수가 많지 않지만 높은 참여율과 충성도로 눈에 띄는 성과를 내고 있다.

브랜드 계정을 운영하는 데 팔로워 수는 당연히 중요할 수밖에 없다. 특히 회사에서 인스타그램 운영을 맡은 마케팅 직원이라면 상사나 회사 간부의 눈치가 보일 수 있다. 그러나 허울뿐인 숫자 늘리기는 계정에 전혀 도움이 되지 않는다. 차라리 주변에 알리거나 먼저 운영하고 있는 다른 채널에 알리고 회사의 홈페이지 또는 상세페이지, 오프라인 매장의 안내문을 통해서라도 고객에게 "우리 인스타그램 계정 있어요."라고 자연스럽게 홍보하는 것이 좋은 방법이다.

노출하는 방법은 생각보다 많다. 인스타그램 계정을 인스타그램 내에서만 홍보하려 하지 말고 다른 여러 채널, 상세페이지, 오프라인 등에서 열심히 홍보하는 것을 게을리하지 않는다면 충분히 가능하다. 무엇보다도 고객들과 소통할 수 있는 콘텐츠를 고민하는 것이 훨씬 중요하다는 것을 잊지 말자.

인스타그램 성공의 열쇠는 숫자가 아닌 관계다. 팔로워 수에 목숨 걸기보다는 콘텐츠의 질과 소통에 집중하면 오히려 더 큰 영향력과 성과를 얻을 수 있다. 숫자는 숫자일 뿐 목숨 걸지 말자!

인플루언서란 무엇인가

인플루언서는 특정 분야에서 전문성이나 영향력을 가진 사람으로, 콘텐츠를 제작해 팔로워에게 정보, 영감, 동기부여를 해준다. 팔로워는 신뢰하는 인플루언서의 콘텐츠를 참고해 구매, 방문, 경험 등 실제 행동을 결정한다.

인플루언서에는 4가지 유형이 있다.

1. 메가 인플루언서: 팔로워 100만 명 이상. 유명인, 셀럽 중심. 브랜드 인지도 제고에 효과적
2. 매크로 인플루언서: 팔로워 10만~100만 명. 특정 분야에서 전문성과 영향력을 가진 콘텐츠 크리에이터. 브랜드 홍보와 캠페인에 적합

3. 마이크로 인플루언서: 팔로워 1만~10만 명. 소통률과 충성도가 높아, 니치 마켓 타깃에 효과적
4. 나노 인플루언서: 팔로워 1천~1만 명. 지역 기반 또는 특정 관심사 중심의 커뮤니티에 강한 영향력.

인플루언서로 성장하기

인플루언서로 성장하기 위해 가장 중요한 것은 신뢰다. 협찬을 받아 단순히 제품을 소개하는 데 그치지 않고, 솔직하고 진정성 있는 리뷰를 통해 팔로워와의 신뢰를 쌓는 것이 우선이다. 또한 전문성을 강화해야 한다. 특정 분야에서 깊이 있는 콘텐츠를 지속적으로 제공하면 팔로워는 그 계정을 신뢰하고 자주 찾는다. 예를 들어 화장품 성분 분석에 특화된 계정이 꾸준히 분석 콘텐츠를 올리면 '이 분야의 전문가'라는 인식을 심어줄 수 있다.

브랜드와의 협업은 신중해야 한다. 단기적인 이익을 위해 무분별하게 광고성 콘텐츠를 올리는 것은 오히려 신뢰를 무너뜨린다. 자신의 계정 성격과 잘 맞는 브랜드를 선별해 자연스럽고 진정성 있는 방식으로 협업하는 것이 효과적이다. 계속해서 강조하지만, 지속적인 소통은 팔로워와의 관계를 돈독히 유지하는 데 큰 역할을 한다. 댓글에 직접 답변하거나 DM을 통해 소통하고, 스토리나 라이브 방송을 통

해 실시간 교류를 이어가면 충성도 높은 팬층을 만들 수 있다. 소통은 숫자로 보이지 않지만, 가장 강력한 성장 동력이다.

인플루언서는 단순히 팔로워가 많은 사람이 아니다. 콘텐츠와 소통을 통해 팔로워의 생각과 행동에 영향을 미치는 사람이 진정한 인플루언서다. 이를 위해서는 신뢰, 전문성, 진정성을 바탕으로 콘텐츠를 제작하고, 지속적으로 팔로워와 소통해야 한다.

인플루언서 플랫폼은 무엇인가

　인플루언서 플랫폼은 브랜드와 인플루언서를 연결해주는 중개자 역할을 하는 온라인 플랫폼이다. 브랜드는 인플루언서 마케팅 캠페인을 쉽게 기획하고, 인플루언서는 협찬 제품을 제공받거나 수익을 창출할 수 있다. 인플루언서 플랫폼의 개념과 주요 기능, 그리고 대표적인 인플루언서 플랫폼을 알아보자.

브랜드와 인플루언서를 연결하다

인플루언서 플랫폼은 브랜드와 인플루언서를 연결해주는 온라인 중개 서비스다. 브랜드는 해당 플랫폼을 통해 자신들의 타깃 고객층과 잘 맞는 인플루언서를 쉽게 검색하고 협업할 수 있으며, 인플루언서는 브랜드 협찬이나 광고 캠페인에 참여함으로써 수익을 창출할 수 있다.

이 플랫폼은 양방향 커뮤니케이션을 가능하게 한다는 점에서 의미가 크다. 브랜드는 캠페인 내용을 전달하고, 인플루언서는 콘텐츠를 제작해 실시간으로 피드백을 받으며 브랜드와 긴밀하게 소통할 수 있다.

플랫폼의 주요 기능으로는 인플루언서 검색 및 매칭, 캠페인 관리, 성과 분석, 그리고 수익 정산 시스템 등이 있다. 브랜드는 인플루언서의 팔로워 수, 관심사, 참여율 등을 기준으로 적합한 인플루언서를 찾을 수 있으며, 캠페인을 효율적으로 관리하면서 콘텐츠의 도달률, 참여율, 전환율 등을 실시간으로 분석할 수 있다. 인플루언서 역시 플랫폼의 안전한 결제 시스템을 통해 수익을 관리하고 지급받을 수 있다.

대표적인 인플루언서 플랫폼

플랫폼	강점	타깃 적합도	캠페인 유형
레뷰	최대 규모 인플루언서 DB, 생활밀착형 캠페인	소상공인, 뷰티·맛집· 일상 브랜드	체험형 리뷰, 지역 기반 마케팅
공팔리터	실사용 기반 리뷰, 후기 신뢰도 높음	일반 소비자 + 마이크로 인플루언서	제품 체험단, 신제품 리뷰 캠페인
피쳐링	정밀 매칭, 자동화된 섭외 시스템	인플루언서 중심, 영상 제작 가능 계정	유튜브·숏폼 영상, 브랜디드 콘텐츠
미디언스	전략 설계부터 성과 리포트까지 통합 제공	중대형 기업 마케팅팀	브랜드 인지도 강화, 제품 론칭 캠페인

레뷰(REVIEW)

- 특징: 한국 최대 규모 인플루언서 플랫폼 중 하나
- 주요 기능: 기업이 캠페인을 등록하면 인플루언서가 신청 → 콘텐츠 제작

및 등록

- 장점: 뷰티, 맛집, 일상 등 생활 밀착형 캠페인에 강점
- 기타: 팔로워 수만이 아닌 콘텐츠 스타일을 기준으로 매칭이 이뤄짐

공팔리터(08liter)

- 특징: 진정성 있는 리뷰 콘텐츠를 지향하는 플랫폼
- 주요 기능: 브랜드가 체험단/캠페인을 등록하면 일반 소비자부터 인플루언서까지 신청 → 리뷰 제작
- 장점: 실제 사용기 기반 콘텐츠 중심이라 후기 신뢰도 높음
- 기타: 2030 여성 대상의 뷰티·건강·생활 브랜드에 적합
- 활용 예시: 신제품 런칭 시 일반인의 체험 리뷰 확대 용도

피쳐링(Featuring)

- 특징: 브랜드 맞춤형 크리에이터 매칭에 특화
- 주요 기능: 브랜드가 직접 인플루언서 필터링 → 상세 조건별 맞춤 섭외 가능
- 장점: 유튜브, 인스타그램, 틱톡 등 멀티 채널 캠페인에 강점
- 기타: 크리에이터 관리 대시보드, 정산까지 자동화된 시스템
- 활용 예시: 정교한 브랜딩 캠페인, 영상 콘텐츠 기획이 필요한 경우

미디언스(Mediance)

- 특징: 광고주 맞춤형 풀매니지드 인플루언서 캠페인 제공

- 주요 기능: 마케팅 전략 기획부터 콘텐츠 제작, 보고서 제공까지 풀서비스
- 장점: 자체 데이터 분석 시스템으로 성과 기반 캠페인 설계
- 기타: 대형 브랜드와의 협업 사례 풍부(식음료, 유통, 소비재 등)
- 활용 예시: 중대형 기업 브랜드 인지도를 높이거나 제품 출시 시 효과적

플랫폼을 잘 활용하면 브랜드는 마케팅 효율을 극대화하고, 인플루언서는 안정적인 수익 창출 기반을 마련할 수 있다. 효과적인 인플루언서 마케팅 전략의 출발점으로, 플랫폼도 적극적으로 활용하자.

PART 4

성공으로 이어지는 좋은 콘텐츠 만들기

좋은 콘텐츠란 무엇인가?

인스타그램에서 성공하려면 시각적으로 예쁜 콘텐츠는 기본이고 팔로워의 관심을 끌고 공감을 얻는 콘텐츠를 제작해야 한다. 좋은 콘텐츠는 팔로워의 참여를 이끌어내며, 공유 및 저장되면서 자연스러운 확산 효과를 얻을 수 있다.

콘텐츠 유형과 콘텐츠 기획

콘텐츠는 그 자체로 스토리를 전달해야 하며, 팔로워가 공감하거나 반응할 수 있는 내용을 담아야 한다. 정보 제공형, 감성 공유형, 참여 유도형, 구매 유도형 등 목적에 따라 콘텐츠 유형을 설정한다.

공감과 참여를 이끄는 콘텐츠

팔로워가 공감하고 참여할 수 있도록 콘텐츠를 설계한다. 예를 들어 '내가 좋아하는 여행지 vs. 가고 싶은 여행지' 같은 투표형 콘텐츠는 팔로워의 경험과 의견을 자연스럽게 이끌어낸다. 또한 질문형 게시물이나 밈(meme)을 활용한 유머 콘텐츠는 댓글 참여를 유도하며, 팔로워와의 소통을 활성화한다.

정보성 콘텐츠

정보성 콘텐츠는 유용한 팁이나 노하우를 제공하여 팔로워에게 가치를 전달한다. '여행 꿀팁', '생산성 높이는 방법', '쉽게 따라 할 수 있는 요리 레시피' 등 실용적인 정보는 팔로워가 저장하고 공유할 가능성이 높다. 인포그래픽, 카드뉴스 형식으로 제공하면 가독성을 높이고 전달력을 극대화할 수 있다.

감성적인 스토리텔링

팔로워가 몰입할 수 있는 스토리텔링이 필요하다. 만약 '하루 루틴' 콘텐츠를 제작할 때 단순히 시간 순서대로 나열하는 것이 아니라, 이를 통해 얻을 수 있는 변화나 깨달음을 중심으로 구성하면 팔로워의 감정 이입을 유도할 수 있다.

감정을 자극하고 공감을 얻는 스토리텔링은 팔로워에게 강력한 몰입 효과를 준다. 예를 들어 '나의 첫 여행지에서 느낀 감정' 같은 개인적인 경험을 공유하거나, 감성적인 사진과 짧은 글귀를 결합해 감정 이입을 유도한다. 감성 콘텐츠는 팔로워와의 정서적 연결을 강화하여 충성도를 높인다.

팔로워에게 도달하기

시각적 통일성과 브랜드 아이덴티티

콘텐츠는 시각적인 통일성을 유지해야 브랜드 아이덴티티를 확립할 수 있다. 색상, 글꼴, 이미지 스타일을 일관되게 사용하고, 콘텐츠 상단에 로고나 브랜드 이름을 삽입해 인지도를 높인다. 예를 들어, 특정 색감을 지속적으로 사용하거나, 일관된 편집 스타일을 유지하면 피드를 보는 것만으로도 브랜드를 인식할 수 있게 된다.

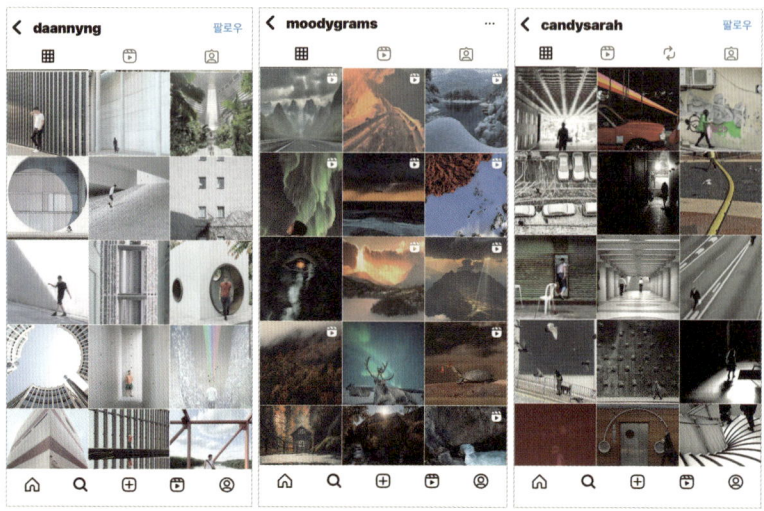

- 일관된 색상과 비슷한 느낌의 사진을 올리는 계정

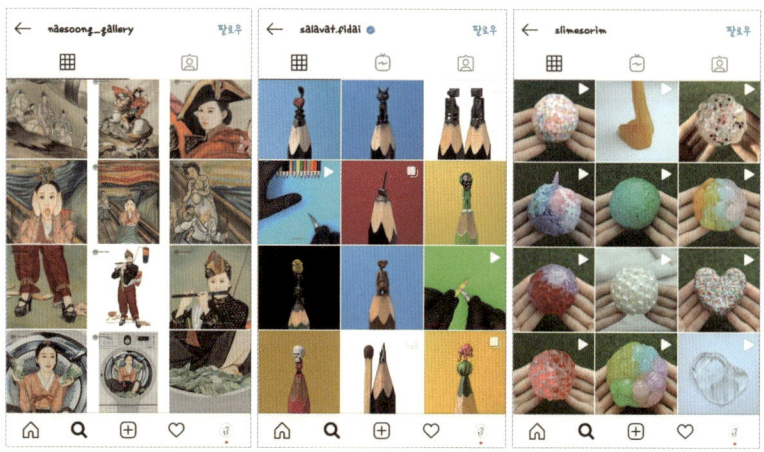

- 같은 주제의 사진을 다채롭게 올리는 계정

참여를 유도하는 캡션과 해시태그

캡션은 콘텐츠에 대한 설명뿐만 아니라 팔로워의 참여를 유도하는 역할을 한다. 질문을 던지거나 의견을 묻는 형식으로 작성하면 댓글 참여도가 높아진다. 또한 해시태그는 노출을 극대화하는 중요한 도구이므로 인기 해시태그와 니치 해시태그를 적절히 조합해 사용해야 한다.

ChatGPT를 활용한 콘텐츠 제작

ChatGPT를 통해 최신 트렌드에 맞는 콘텐츠 아이디어를 얻고, 팔로워가 공감할 수 있는 주제를 선택할 수 있다. 예를 들어 '여행지 추천' 계정을 운영할 때 ChatGPT에게 '요즘 인기 있는 국내 여행지 TOP 5' 같은 주제를 요청하면, 최신 트렌드에 맞는 콘텐츠 아이디어를 얻을 수 있다. '요즘 MZ세대가 공감하는 밈 아이디어'를 요청하면 최신 유행에 맞는 밈을 추천받을 수 있다. 또한 '댓글 참여를 유도하는 질문형 게시물'을 요청하면 보다 창의적인 질문 콘텐츠를 기획할 수 있다.

또한 캡션 작성 시에도 ChatGPT에게 '사진에 어울리는 감성적인 문구'를 요청해 여러 가지 문구를 비교하고 선택할 수 있다.

좋은 콘텐츠는 팔로워의 관심을 끌고, 공감을 이끌어내며, 브랜드 아이덴티티를 강화한다. 이를 위해 콘텐츠 유형과 목적을 명확히 하고, 스토리텔링과 시각적 통일성을 유지하며, ChatGPT를 활용한 다양한 콘텐츠 아이디어를 적극적으로 활용해보자.

세로 콘텐츠에 주목하라

모바일 환경에서 세로 콘텐츠는 가로 콘텐츠보다 훨씬 높은 몰입도를 자랑한다. 특히 인스타그램 릴스, 스토리, 피드는 모두 세로형 콘텐츠에 최적화되어 있으며, 화면을 꽉 채우는 세로형 콘텐츠는 사용자의 시선을 사로잡고 도달률을 극대화할 수 있다.

세로 콘텐츠 활용법

세로 콘텐츠는 모바일 화면을 가득 채워 몰입감을 극대화한다. 사용자는 세로 스크롤에 익숙하기 때문에 세로 콘텐츠는 자연스럽게 스크롤 멈춤을 유도한다. 특히 릴스와 스토리는 세로형으로 설계된 콘텐츠로, 높은 도달률과 인게이지먼트를 기록하고 있다.

특히 세로 영상은 짧고 임팩트 있는 콘텐츠에 최적화되어 있다. 릴스에서는 9:16 비율의 세로 영상을 활용해 짧고 강렬한 메시지를 전달하고, 스토리에서는 일상 공유, 비하인드 장면 등을 자연스럽게 공

• 세로 콘텐츠와 가로 콘텐츠 인사이트 비교

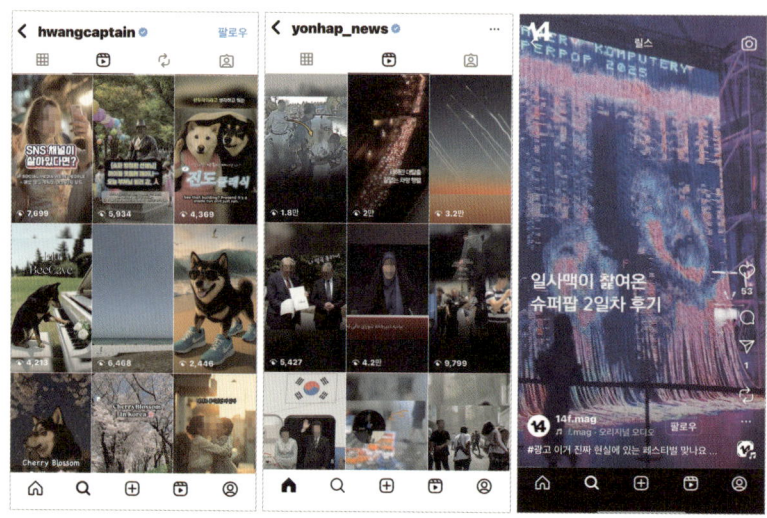

• 세로 썸네일 및 콘텐츠

개할 수 있다. 세로 이미지는 정보성 카드뉴스나 인포그래픽에 적합하며, 모바일 환경에서 가독성을 높인다.

세로 썸네일의 변화와 최적화 방법

최근 인스타그램 프로필 썸네일이 기존의 1:1 정방형에서 세로형 썸네일로 변경되었다. 현재는 4:5 비율의 세로 썸네일이 적용되고 있으며, 이 비율은 모바일 화면에서 최적화된 보기 방식을 제공한다. 권장 사이즈는 1080×1350px이고, 파일 형식은 JPG 또는 PNG를 사용한다.

썸네일 디자인 시 고려할 점

텍스트는 화면의 중앙 부분에 배치해 잘리거나 가려지지 않도록 한다. 시선을 끌 수 있는 강렬한 색상 대비와 명확한 타이포그래피를 활용한다. 주제나 브랜드 아이덴티티를 명확하게 전달할 수 있는 이미지 또는 그래픽을 사용한다. 또 화면의 위쪽 14%, 아래쪽 35%에는 콘텐츠를 배치하지 않는다.

썸네일 제작 방법

Canva, Adobe Spark와 같은 온라인 디자인 도구를 사용하면 손쉽게 4:5 비율의 썸네일을 제작할 수 있다. ChatGPT를 활용해 썸네일에 적합한 문구나 키워드를 제안받는다면 더 효율적으로 만들 수 있다.

세로 콘텐츠는 인스타그램에서 높은 도달률을 기록하고 있으며, 특히 릴스와 스토리에서 그 효과가 극대화되고 있다. 세로형 콘텐츠를 적극 활용하면 팔로워의 몰입도를 높이고, 자연스러운 확산 효과를 얻을 수 있을 것이다.

스마트폰으로도
사진과 영상 잘 찍는 법

스마트폰 카메라의 성능이 점점 향상되면서 고가의 DSLR 없이도 충분히 매력적인 사진과 영상을 찍을 수 있게 되었다. 특히 인스타그램은 모바일 환경에 최적화된 플랫폼이므로, 스마트폰을 활용한 촬영 스킬만 잘 익혀도 충분히 시선을 끌 수 있는 콘텐츠를 만들 수 있다.

빛과 구도를 활용한 시각적 매력 극대화

스마트폰 콘텐츠 제작의 핵심은 빛을 얼마나 잘 다루느냐에 있다.

자연광, 특히 골든아워(일출 직후, 일몰 직전)에 촬영하면 부드럽고 따뜻한 색감을 얻을 수 있다. 오전이나 늦은 오후의 부드러운 햇빛은 사진에 자연스러운 분위기를 더해준다. 실내에서 촬영한다면 창가 근처에서 촬영하거나, 빛을 반사시키는 흰색 천이나 종이를 활용하면 부드러운 조명을 얻을 수 있다.

또한 삼분할, 대칭, 대각선 구도 등 기본적인 촬영 구도를 익히면 시각적으로 안정감 있는 이미지를 쉽게 만들 수 있다. 그리드 라인을 활용하면 이러한 구도를 손쉽게 잡을 수 있다.

- 삼분할 구도: 피사체를 화면 중앙에 배치하지 않고, 화면의 3분의 1 지점에 배치하면 더 자연스럽고 흥미로운 구도를 연출할 수 있다.
- 대칭 구도: 반영, 거울, 건축물 등을 이용해 대칭을 이루는 구도를 활용하면 강렬한 이미지를 연출 할 수 있다.

색감과 디테일로 브랜드 아이덴티티 강화

촬영 후 색감을 일관되게 보정하면 피드의 통일성을 유지할 수 있다. 인스타그램 내장 필터보다는 Lightroom, VSCO와 같은 전문 보정 앱을 활용해 색감을 조절하고, 계정의 톤앤매너에 맞게 통일한다.

짧은 릴스 영상에서는 움직임과 디테일한 장면을 포착해 몰입도

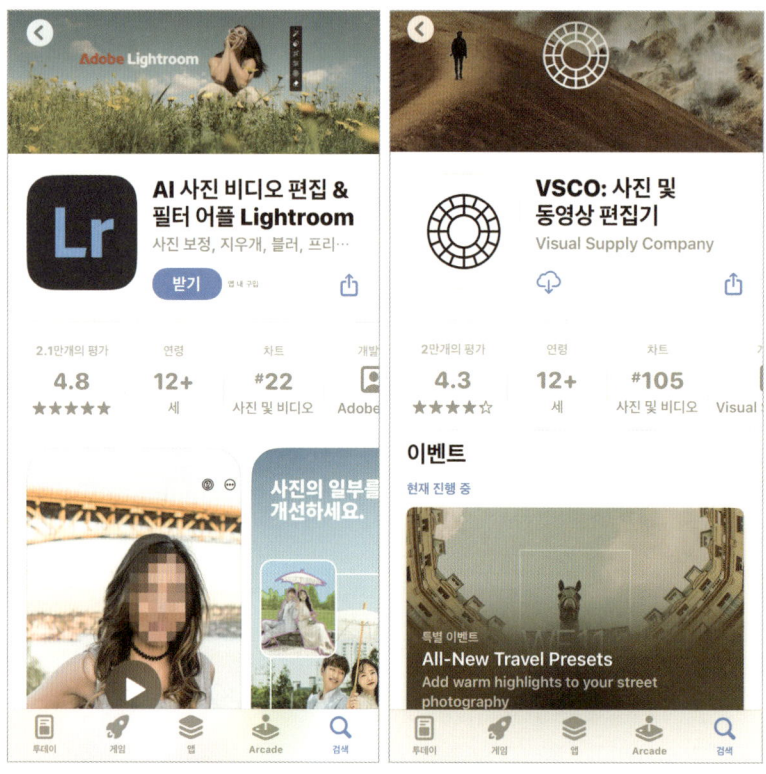

• 사진 보정 앱

를 높인다. 예를 들어 음식 촬영 시에는 조리 과정을 빠르게 편집해 보여주거나, 여행 영상에서는 발걸음이나 바람에 흔들리는 나뭇잎 등을 포착해 현장감을 더한다. 슬로모션이나 타임랩스 같은 기능을 활용하면 영상에 생동감을 더할 수 있다.

스마트폰 기능을 활용한 퀄리티 업그레이드

스마트폰에는 포커스 고정, 노출 조절, 연사 모드, 라이브 포토 등 촬영을 더 정밀하게 만들어주는 기능이 숨어 있다. 이를 적절히 활용하면 DSLR 못지않은 퀄리티의 사진과 영상을 제작할 수 있다.

그리드(격자) 활용

모든 카메라 및 스마트폰 카메라에 있는 기능 중 하나인 그리드는 가로 두 줄, 세로 두 줄이 화면에 나타나는 것이다. 이 그리드를 잘 활용하는 것만으로도 수준급의 사진을 찍을 수 있다.

우선 수직과 수평을 맞추자. 최신 스마트폰은 사진을 찍은 후에 자동으로 수평을 맞춰주기도 하며, 다른 앱을 활용하거나, 인스타그램에 업로드할 때도 수평 맞추기는 가능하다. 그러나 찍은 후에 수평을 맞추다 보면 의도치 않게 옆의 피사체가 잘리는 경우가 생긴다. 찍을 때부터 수평과 수직만 맞춰도 기본 이상의 사진을 찍을 수 있다.

사실 그리드의 더 중요한 기능은 황금구도 설정에 있다. 가로 선과 세로 선이 만나는 4개 점 안에 피사체(모델일 경우 얼굴, 얼굴을 클로즈업할 때는 눈)를 넣으면 안정적인 사진이 완성된다. 풍경 사진도 그냥 풍경만 찍는 것보다는 풍경에 포인트가 될 만한 또 다른 피사체를 넣으면 덜 심심한 사진이 된다. 여기에 내가 찍을 사람을 배치하거나, 예시 사진처럼 풍경을 찍으면서 지나가는 사람이 선과 선이 만나

• 그리드를 이용해 황금구도 맞추기

는 지점에 도착하는 순간을 포착하면 멋진 사진이 완성된다.

하지만 사진을 찍을 때 이 그리드를 맞추지 못하는 경우도 생길 수 있다. 그럴 때는 인스타그램에 업로드하면서 나타나는 그리드를 이용하면 된다. 사진을 선택한 후에 두 손가락으로 조정하면 그리드가 생긴다. 또는 다음 사진처럼 필터가 아닌 수정 탭에 조정 탭이 따로 있다.

조정 탭에서도 그리드로 조정이 가능하다. 여기선 일반적으로 9등분된 그리드 이외에 더 작은 그리드를 선택할 수 있으며, 각도 조정을 통해 수평을 조정할 수도 있고 상하시점 및 좌우시점 보정도 가능하다. 인스타그램 앱 내에도 꽤 많은 보정 기능이 있으니 하나하나 만져보며 둘러보길 바란다.

수동 초점/노출 고정(AF/AE 잠금)

스마트폰은 필름카메라 또는 디지털카메라보다 조작이 편하다. 하지만 누구나 쉽게 찍을 수 있다는 것은 원하는 대로 찍기는 조금 어렵다는 말이기도 하다. 특히 스마트폰 카메라의 경우 빠른 촬영을 위해서 오토포커싱이 자동으로 설정되어 있다. 이로 인해 빠른 촬영은 가능하지만 원하는 느낌의 사진을 찍을 수 없는 경우가 생길 수 있다.

오토포커싱은 일반적으로 가장 앞에 있는 피사체에 초점을 맞추고 그에 따라 사진 전체의 노출이 자동으로 조정된 상태에서 촬영된다. 그렇기 때문에 다른 쪽에 초점을 맞추고 싶은데 제대로 안 되는 경우가 있을 수 있다. 이럴 때는 많은 사람들이 아는 대로 초점을 맞추고 싶은 곳에 손가락을 가져다 대는 것만으로도 초점 변경이 가능하다. 또한 초점을 맞출 곳을 길게 누르면 초점과 노출이 고정된다. 이 기능은 카메라에서 많이 사용하는 반셔터 기능이라고 생각하면 된다. 노출과 초점이 고정되면 스마트폰이 아무리 움직여도 초점이 나가지 않으며 사진 전체의 노출도 변하지 않는다. 수동 초점으로 다른 느낌의 사진을 찍는 연습을 해보자.

다시 한번 정리하면 다음과 같다.

- 포커스 고정 및 노출 조절: 터치하여 피사체에 포커스를 고정하고, 화면을 위아래로 스와이프하여 노출을 조절하면 더 선명하고 분위기 있는 사진을

찍을 수 있다.
- 그리드 라인 사용: 카메라 설정에서 그리드 라인을 활성화하면 삼분할 구도를 쉽게 맞출 수 있다.
- 라이브 포토와 연사 모드: 라이브 포토나 연사 모드를 사용해 움직임이 많은 피사체를 놓치지 않고 촬영할 수 있다.

스마트폰 하나로도 충분히 고퀄리티의 사진과 영상을 제작할 수 있다. 고가의 장비가 없다고 좌절하지 말자. 중요한 것은 장비가 아니라 빛, 구도, 색감, 그리고 디테일을 얼마나 잘 활용하느냐다.

작지만 중요한 인스타그램 글쓰기

인스타그램에서 글쓰기는 콘텐츠의 가치를 높이고 팔로워와의 소통을 강화하는 강력한 도구다. 특히 첫 문장은 팔로워의 시선을 사로잡는 후킹(hooking) 역할을 한다. 첫 문장을 어떻게 쓰느냐에 따라 스크롤을 멈추고 읽게 만들기도 하고 그냥 지나치게 만들기도 한다.

짧고 강렬한 문장과 후킹 방법

콘텐츠의 이미지나 영상이 아무리 훌륭해도, 글이 매력적이지 않으면 팔로워의 참여를 이끌어내기 어렵다. 짧고 강렬한 문장으로 팔로워의 관심을 사로잡고, 감성을 자극하거나 공감을 얻는 글쓰기가 필요하다.

첫 문장은 후킹 역할을 한다. 후킹이란 사용자의 스크롤을 멈추게 만들 만큼 눈에 띄고 흥미로운 글의 첫 문장을 의미한다. 좋은 후킹은 팔로워가 글을 끝까지 읽게 만들고, 댓글과 좋아요로 이어질 가능성을 높여준다. 특히 충격적인 사실, 강렬한 질문, 공감을 유도하는 문구를 첫 문장에 배치하면 후킹 효과가 극대화된다. 예를 들면 다음과 같다.

"90%가 모르는 비밀!"
"이 실수를 당신도 하고 있나요?"
"이 방법으로 매출이 2배가 되었습니다."

짧고 강렬한 문장을 작성할 때는 긴 설명보다 하나의 핵심 메시지에 집중하고, 감성을 자극하거나 문제를 제기해 호기심을 유발해야 한다. 또한 공감할 수 있는 경험이나 이야기를 덧붙이면 팔로워가 자신과 연결된 느낌을 받으며 더 깊이 읽게 된다.

콜 투 액션의 중요성

　콜 투 액션(Call to Action)은 팔로워가 행동하도록 유도하는 문구로, 인게이지먼트를 극대화시키는 강력한 도구다. 팔로워가 콘텐츠를 읽고 어떤 행동을 취하길 원하는지 명확히 해야 한다. 저장, 공유, 댓글, 클릭, 팔로우 등 구체적인 행동을 유도하는 것이다.

"지금 바로 저장하세요!"
"친구에게 공유해보세요!"
"댓글로 의견을 남겨주세요!"
"더 많은 정보를 원한다면 프로필 링크를 클릭하세요."

　콜 투 액션을 효과적으로 사용하기 위해서는 팔로워에게 실질적인 가치를 제공해야 한다. 예를 들어 꿀팁, 노하우, 혜택 등을 제공하고 이를 저장하거나 공유하도록 유도하면 팔로워의 참여도를 높일 수 있다.

CHATGPT를 활용한 콘텐츠 제작

ChatGPT를 통해 최신 트렌드에 맞는 콘텐츠 아이디어를 얻고, 팔로워가 공감할 수 있는 주제를 선택할 수 있다. 예를 들어 '여행지 추천' 계정을 운영할 때 ChatGPT에게 '요즘 인기 있는 국내 여행지 TOP 5' 같은 주제를 요청하면, 최신 트렌드에 맞는 콘텐츠 아이디어를 얻을 수 있다. '요즘 MZ세대가 공감하는 밈 아이디어'를 요청하면 최신 유행에 맞는 밈을 추천받을 수 있다. 또한 '댓글 참여를 유도하는 질문형 게시물'을 요청하면 보다 창의적인 질문 콘텐츠를 기획할 수 있다.

또한 캡션 작성 시에도 ChatGPT에게 '사진에 어울리는 감성적인 문구'를 요청해 여러 가지 문구를 비교하고 선택할 수 있다.

다음은 실제 필자가 현재 운영하고 있는 계정의 리브랜딩을 부탁하고 그에 맞는 결과물이다. 최대한 현재 계정 상태를 자세하게 설명하고 내가 원하고자 하는 바를 자세하게 요청하면 더 좋은 답변을 받아낼 수 있다.

[현재 계정 상황 요약]

- 아이디: @seoul_korea
- 콘텐츠 성격: **서울/한국 여행 위주**
- 기존 팔로워 중 외국인 다수
- 다른 계정의 콘텐츠를 소개 중 (큐레이션 스타일)
- 현재 답보 상태 (성장 정체)

[쌥가능 성장 전략 ver.1.0]

1. 콘텐츠 콘셉트 명확화

→ "서울의 일상 + 감성 여행 기록을 글로벌 시선으로 보여주는 큐레이터 계정"

2. 대표 콘텐츠 포맷 3개 만들기

콘텐츠 포맷	설명	예시 제목
#SeoulReels	15~30초 릴스 중심, 감성 음악+풍경	"봄이 오는 서울의 골목"
#한컷서울	정적인 감성 사진+짧은 설명	"카페 옆 느티나무 아래서"
#GlobalEyes_Seoul	외국인이 본 서울 콘텐츠 소개	"이탈리아 친구가 찾은 북촌의 매력"

3. 외국인 팔로워 대상 콘텐츠 최적화

- 피드 캡션: 한글 + 영어 병기
- 릴스 해시태그:
#visitseoul #koreatravel #seoulvibes #travelkorea #한국여행
- 스티커 활용 (릴스): "Would you visit here?" 등 질문형

4. 큐레이션 콘텐츠 업그레이드

- 기존: 다른 계정 콘텐츠 소개

- 제안: **"서울 큐레이션 칼럼" 느낌으로 브랜딩**

  - 예: "오늘의 서울 장면 #17 – by @abc_traveler"

  - 카드뉴스나 컬렉션화 가능

5. 콜라보/UGC 활성화

- 팔로워 대상 서울 사진 공유 이벤트
→ "#내가찍은서울" / "#MySeoulScene"

- 좋은 콘텐츠는 피드 or 스토리에서 소개

- 글로벌 친구들의 콘텐츠를 서울 큐레이터 시리즈로 연결

6. 리브랜딩 & 하이라이트 정리

- 프로필:

"Seoul seen through global eyes.
한국의 일상을 세계와 연결하는 여행 큐레이터 계정."

- 하이라이트 아이콘:

봄 / 카페 / 야경 / 글로벌 / 스냅 / 한옥 등 테마별 분류

https://www.instagram.com/seoul_korea/
이 인스타그램 계정의 성장을 위해 계정을 분석하고 리브랜딩 해서 컨텐츠 기획해줘.

> 4초 동안 생각함

아래는 @seoul_korea 계정의 **현황 분석**, **리브랜딩 전략**, 그리고 **콘텐츠 기획안**입니다. 감성에 맞춰 정리했어요, 캡틴님.

1. 📊 계정 분석

- **콘텐츠 특성**: 여행 중심, 감성 여행 기록, 서울 & 한국 명소 위주
- **타깃 청중**: 캐주얼 여행자, 외국인 팔로워 비중 높음
- **현황 문제점**:
    - travel 정보성 콘텐츠 많지만 **깊이·스토리 부족**
    - 댓글 반응은 제한적, 해외 관객의 공감 유도 가능성 있음
    - **경쟁 인스타 계정**(e.g. @thesoulofseoulblog `instagram.com`) 대비 정보력 부족

2. 🧭 리브랜딩 전략

✓ **콘텐츠 핵심 키워드**

***"다운타운 감성 × 스토리텔링 × 로컬 연결"**으로 포지셔닝

✓ **브랜드 톤 & 메시지**

- **인증된 경험의 신뢰**: "여행자뿐 아니라 현지인이 추천하는"
- **편안한 동행자**: 딱딱한 가이드가 아닌 "함께 걸어주는 친구"
- **문화 깊이 더하기**: 역사적 에피소드나 로컬 전통 이야기 병행

✓ **고감도 비주얼 강화**

- 현재 감성 있는 필터 유지하되, **미니 리포트 카드 구성 추가**: 예: "오늘의 한 줄 팁 + 이미지" 스토리

3. 🗓 콘텐츠 기획안

시리즈	설명	예시 주제
로컬 마이크업 시리즈	색채 분석, 핫플 시술 경험 등 현지 체험 콘텐츠 강화	"홍대 퍼스널 컬러 15단계 체험" `instagram.com`
소울 오브 서울	작은 상점·전통 공간과의 인터뷰 및 소개	"고즈넉한 북촌 주택의 이야기"
트래블 카드 스토리	카드 같은 단편 감성, 시리즈 슬라이드로 제작	"오늘의 여행 카드: 서울역"

4. 🚀 **실행 플랜**

1. **포맷 디자인**: 카드·릴스·인터뷰 등 템플릿 제작
2. **연간 콘텐츠 캘린더 설정** (관광객 유입·명절·사회 행사 포함)
3. **파트너십 강화**:
    - 지역 창업 주최 체험 협업
    - 현지 여행 크리에이터들과 컬래버 교환
4. **운영 지표 설정**: 리치, 저장, 스토리 클릭률 중심으로 측정

5. 🎯 **기대 효과**

- **브랜드 신뢰도↑**: 감성에 정보와 스토리 더하기
- **해외 유입↑**: 여행자들의 진짜 니즈 충족
- **리텐션 강화**: 시리즈 콘텐츠로 팔로워 고정 유도

필요하시면 **10개짜리 콘텐츠 캘린더 + 스토리 카드 샘플 + 파트너 제안서**까지 바로 준비해드릴게요. 오늘 바로 실행하셔도 손색없는 **딱 지금 타이밍**이에요!

또한 ChatGPT에게 월간 콘텐츠 기획 등을 주문할 수도 있다.

> 10개짜리 콘텐츠 캘린더를 자세하게 작성해줘

다음은 @seoul_korea 인스타그램 계정에 어울리는 **10개 콘텐츠 캘린더**입니다. 각 콘텐츠는 서울 감성과 트렌디한 요소를 반영했으며, 감성 사진 또는 릴스 + 글귀 + 해시태그 구성까지 고려한 **실전형 기획안**입니다.

✅ **@seoul_korea 콘텐츠 캘린더 (10개 상세 기획)**

① **[서울 밤의 공기]**
- 📍 장소: 남산타워 야경 or 한강 야경
- 📷 콘텐츠: 흐릿한 조명과 바람에 흔들리는 머리카락, 도시 야경 클로즈업
- ✏️ 캡션 예시:
"서울의 밤은, 어제의 나를 안아준다."
🎧 오늘의 위로: #백예린 - #그건아마우리의잘못은아닐거야
- #서울언니 #서울감성 #야경맛집 #서울밤산책

② **[레트로 감성의 서울 골목길]**
- 📍 장소: 을지로, 익선동
- 📷 콘텐츠: 오래된 벽, 낡은 간판, 혼자 걷는 발자국
- ✏️ 캡션 예시:
"익숙한 골목에서, 낯선 위로를 만났다."
- 🎧 추천곡: #10cm – #스탠드바이미
- #서울일상 #레트로서울 #서울골목

좋은 콘텐츠는 팔로워의 관심을 끌고, 공감을 이끌어내며, 브랜드 아이덴티티를 강화한다. 이를 위해 콘텐츠 유형과 목적을 명확히 하고, 스토리텔링과 시각적 통일성을 유지하며, ChatGPT를 활용한 다양한 콘텐츠 아이디어를 적극적으로 활용해보자.

자동 DM 프로그램 활용

자동 DM 프로그램은 콜 투 액션을 강화하고 팔로워와의 소통을 자동화해 마케팅 효율을 극대화시킨다. 특히 인스타그램에서 댓글 유도형 콜 투 액션과 팔로워 환영 메시지를 자동화하면 팔로워의 참여도를 크게 높일 수 있다. 하지만 무분별하게 사용하면 오히려 팔로워에게 불쾌감을 줄 수 있으므로, 장점과 주의사항을 정확히 이해하고 전략적으로 활용해야 한다.

가장 큰 장점은 팔로워의 참여도를 높일 수 있다는 점이다. 예를 들어 "댓글에 '신청'이라고 남기면 무료 자료를 DM으로 보내드립니다" 같은 메시지를 자동으로 전송하면 팔로워가 댓글을 달고 DM을 확인하면서 자연스럽게 계정과 상호작용하게 된다. 이처럼 자동 DM은 콜 투 액션을 강화하는 데도 효과적이다. "이벤트 참여 링크가 DM으로 발송되었습니다. 지금 바로 클릭하세요!"와 같은 메시지를 통해 저장, 클릭, 팔로우 등 원하는 행동을 유도할 수 있다.

또한 반복되는 소통을 자동화하면 시간을 절약하고 효율적인 계정 운영이 가능해진다. 팔로워의 질문에 자동으로 응답하거나, 신규 팔로워에게 자동 환영 메시지를 발송하는 등 간단한 상담이나 고객 지원 용도로 활용할 수 있다.

외국에서 많이 사용하는 ManyChat과 한국에서 인기 있는 소셜비즈를 비교해보면 표와 같다.

프로그램	Many Chat	소셜비즈
주요 특징	- 댓글 키워드 기반 자동 DM - 팔로워 환영 메시지 - 프로필 링크 클릭 유도	- 댓글 키워드 자동 응답 - 해시태그 기반 타깃팅 - 맞춤형 DM 시나리오 설정
장점	- 글로벌 사용자 많음 - 직관적인 UI - 다양한 연동 기능 　(페이스북, 인스타그램)	- 한글 UI 및 고객 지원 - 한국 인스타그램 환경에 최적화 - 다양한 프로모션 기능
단점	- 한글 지원 미흡 - 고급 기능 유료화	- 글로벌 확장성 부족 - 연동 서비스 제한
비용	기본 무료, 프리미엄	기본 무료, 프리미엄

그러나 자동 DM 사용에는 반드시 지켜야 할 주의사항이 있다.

첫째, 인스타그램 정책을 준수해야 한다. 과도한 자동화나 대량 메시지 발송은 스팸 행위로 간주되어 계정이 제한되거나 정지될 수 있다. 둘째, 팔로워의 경험을 고려해야 한다. 무작위로 발송되는 메시지는 사용자에게 불쾌감을 줄 수 있으므로, 이름이나 관심사를 반영한 개인화된 메시지를 사용하는 것이 중요하다. 마지막으로, 모든 소통을 자동화하려 하지 말고 중요한 문의나 불만 사항은 직접 응답해 팔로워의 신뢰를 유지해야 한다.

자동 DM 프로그램은 올바르게 사용하면 팔로워 참여도와 인게이지먼트를 극대화할 수 있는 강력한 도구지만, 잘못 사용하면 스팸으로 인식되어 브랜드 이미지에 부정적인 영향을 미칠 수 있다. 특히 인스타그램의 정책을 준수하고, 팔로워의 경험을 최우선으로 고려하며 개인화된 메시지를 보내는 것이 성공적인 운영의 열쇠다.

하나의 콘텐츠를 다양한 형태로 OSMU 전략

    원 소스 멀티 유즈(OSMU, One Source Multi Use)는 하나의 콘텐츠를 다양한 형태로 변환하여 여러 채널에서 활용하는 전략이다. 인스타그램에서는 특히 스레드, 릴스, 스토리의 유기적 연결을 통해 도달률과 인게이지먼트를 극대화할 수 있다. 짧고 강렬한 후킹 → 구체적인 설명 → 팔로워 참여 유도의 흐름을 자연스럽게 연결하기 때문이다.

    여기에 릴스는 추천 기반 노출로 팔로워가 아닌 사용자에게도 도달할 수 있으며, 스토리는 실시간 소통으로 팔로워의 참여도를 높일 수 있다.

간단한 예를 들어보면 다음과 같다.

- 스레드: "이 꿀팁으로 여행 경비 절약!"
- 릴스: "여행 준비 과정과 비용 절약 꿀팁" (단계별 설명)
- 스토리: "여러분의 여행 꿀팁은 무엇인가요? 댓글로 공유해주세요!"

후킹(스레드) → 확장(릴스) → 전환(스토리)

1. 후킹으로 스레드에서 관심 끌기

스레드에서는 짧고 강렬한 질문이나 호기심을 유발하는 문구로 팔로워의 관심을 끈다. "90%가 모르는 실수!", "매출을 갉아먹는 습관 3가지!", "이 방법으로 매출이 2배 올랐습니다. 당신도 궁금하지 않나요?" 같은 문구는 스크롤을 멈추게 만드는 힘이 있다. 콘텐츠의 첫 문장에서 팔로워의 호기심이나 감정을 자극해 계속 읽게 만드는 장치인 후킹을 어떻게 구성하느냐가 중요하다.

스레드 형식으로 글을 쓸 때는 첫 번째 슬라이드에서 강렬한 후킹을 넣고, 두 번째 슬라이드부터 본문을 전개하며, 마지막 슬라이드에서 콜 투 액션을 덧붙이는 구조가 효과적이다. 스레드를 활용하면 팔로워가 여러 장의 이미지를 넘겨보게 되어, 콘텐츠 소비 시간이 길어지고 인게이지먼트가 높아진다.

2. 릴스를 통한 스레드 확장

스레드에서 후킹한 내용을 릴스에서 구체적으로 설명하거나 해결책을 제시한다. 특히 How-to 영상이나 비포 & 애프터 영상이 효과적이다. 예를 들어 스레드에서 "이 3단계로 시간 절약!"이라고 관심을 끈 후 릴스에서 단계별 설명과 활용 예시를 소개하는 것이다.

그런 다음 릴스에서 본문 내용을 확인하도록 스토리에서 링크를 연결하거나, 의견을 유도하는 질문 스티커를 활용해 팔로워의 참여를 높인다.

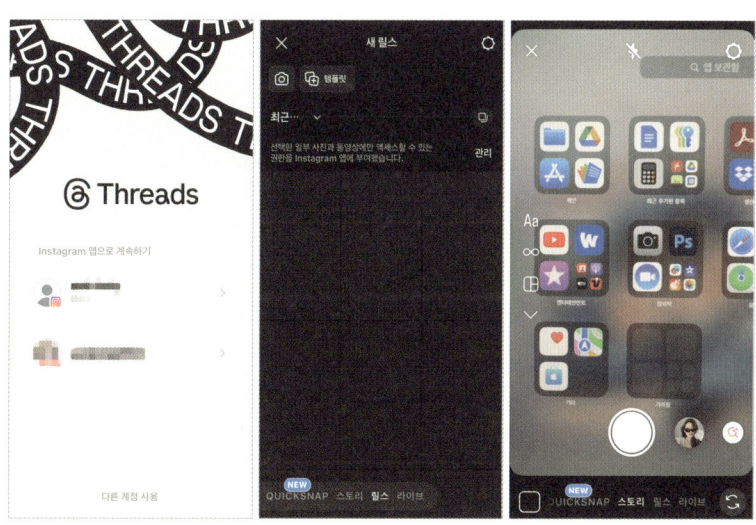

• 스레드, 릴스, 스토리

3. 스토리에서 스레드로 유도

스토리에서 질문 스티커나 투표 기능을 활용해 팔로워의 관심사를 파악한 후, 이에 대한 답변을 스레드에서 상세히 설명할 수도 있다. 스토리에서 "이 중 가장 궁금한 팁은?"이라고 관심을 끈 후 스레드에서 "가장 많이 물어보신 팁을 정리했습니다."라고 이어가는 것이다.

- 스레드: "이 실수 때문에 매출이 줄어들고 있습니다. 당신도 하고 있나요?"
- 릴스: "매출이 줄어드는 이유 3가지와 해결 방법" (단계별 How-to 영상)
- 스토리: "당신의 생각은 어떤가요? 댓글로 의견을 남겨주세요!"

이렇듯 스레드, 릴스, 스토리를 연계하면 짧고 강렬한 후킹으로 팔로워의 관심을 끌고, 구체적인 설명으로 설득하며, 실시간 소통으로 참여도를 높일 수 있다. 특히 인스타그램의 추천 기반 알고리즘을 활용하면 팔로워가 적더라도 더 많은 사람에게 도달할 수 있으며, 브랜드 인지도와 충성도를 동시에 높일 수 있다. 팔로워 수에 상관없이 콘텐츠의 완성도와 전략적 연결이 브랜드의 영향력을 좌우한다는 점을 잊지 말자.

인스타그램 스토리 어떻게 활용할까?

인스타그램 스토리는 일상적인 소통과 팔로워 참여를 유도하는 강력한 도구다. 팔로워와의 거리를 좁히고, 브랜드 친밀도를 높이는 데 효과적이며, 실시간 소통과 이벤트 진행에도 유리하다. 특히 설문, 퀴즈, 질문 스티커 등을 활용하면 팔로워의 참여도를 극대화할 수 있다.

인스타그램 스토리는 24시간 후 자동으로 사라지는 특성 덕분에, 팔로워와의 일상적인 소통 도구로 적합하다. 가공되지 않은 자연스러운 콘텐츠가 큰 반응을 얻는다.

인스타그램이 2024년 11월 소비자 데이터 조사 플랫폼 오픈서베이를 통해 국내 Z세대(16~24세) 인스타그램 이용자 1천 명을 대상으

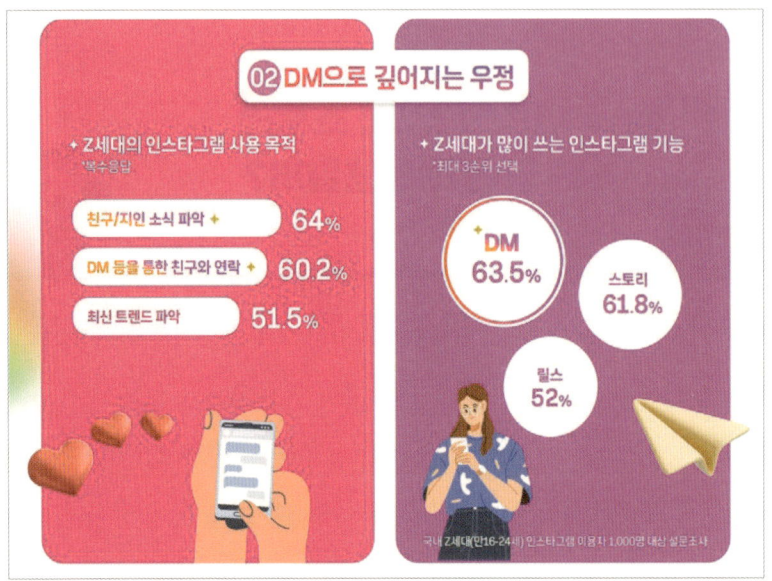

• 2024년 인스타그램에서 주목받은 Z세대, 비즈니스, 크리에이터 및 릴스 트렌드

로 진행한 설문조사에 따르면, Z세대 이용자들은 인스타그램 사용 목적 1위로 '친구나 지인의 소식 파악(64%, 복수응답)', 2위를 'DM 등을 통한 친구와 연락하기(60.2%)', 3위를 '최신 트렌드 파악(51.5%)'라고 답했다. 특히 인스타그램에서 가장 많이 사용하는 기능 3가지를 물었을 때, DM이 63.5%로 1위를 차지했고, 2위는 스토리(61.8%), 3위는 릴스(52%)라고 답했다. 이는 스토리가 젊은 세대, 특히 여성 사용자들 사이에서 피드보다 더 중요한 소통 수단으로 활용되고 있음을 보여준다. 스토리를 통해 친구와 지인의 소식을 파악하고, 최신 트렌드를 접하는 것이 일반적이다.

　스토리를 자주 활용해야 하는 이유는 크게 3가지로 정리할 수 있다. 첫째, 스토리는 팔로워와의 높은 참여도와 실시간 소통을 이끌어 낼 수 있는 도구다. 설문조사나 질문 스티커를 활용하면 팔로워의 의견을 쉽게 수렴할 수 있고, 즉각적인 피드백을 받으며 쌍방향 소통이 가능하다.

둘째, 팔로워와의 친밀감을 형성하는 데 효과적이다. 가공되지 않은 일상적인 순간이나 촬영 준비 과정, 작업 환경 등 비하인드 장면을 공유하면 팔로워에게 더욱 인간적인 매력을 전달할 수 있다.

셋째, 스토리는 브랜드 인지도를 높이는 데 유리한 수단이다. 신제품 출시, 이벤트, 프로모션 등 중요한 정보를 빠르게 알릴 수 있으며, 팔로워의 즉각적인 관심을 유도해 브랜드 노출 빈도를 높일 수 있다.

그렇다면 스토리를 효과적으로 활용하기 위해서는 무엇을 해야 할까? 다음의 4가지 방법은 알아보자.

1. 다양한 스티커 활용

설문조사, 질문, 카운트다운, GIF 등 스티커를 활용해 콘텐츠를 더욱 흥미롭게 만들고 상호작용을 유도한다. 단순히 보는 콘텐츠가 아닌, 참여하게 만드는 것이 핵심이다.

2. 일관된 브랜딩 유지

스토리의 색상, 폰트, 디자인 톤을 브랜드에 맞게 통일시켜 팔로워에게 일관된 이미지를 전달하자. 이는 브랜드의 전문성과 신뢰도를 높이는 데 효과적이다.

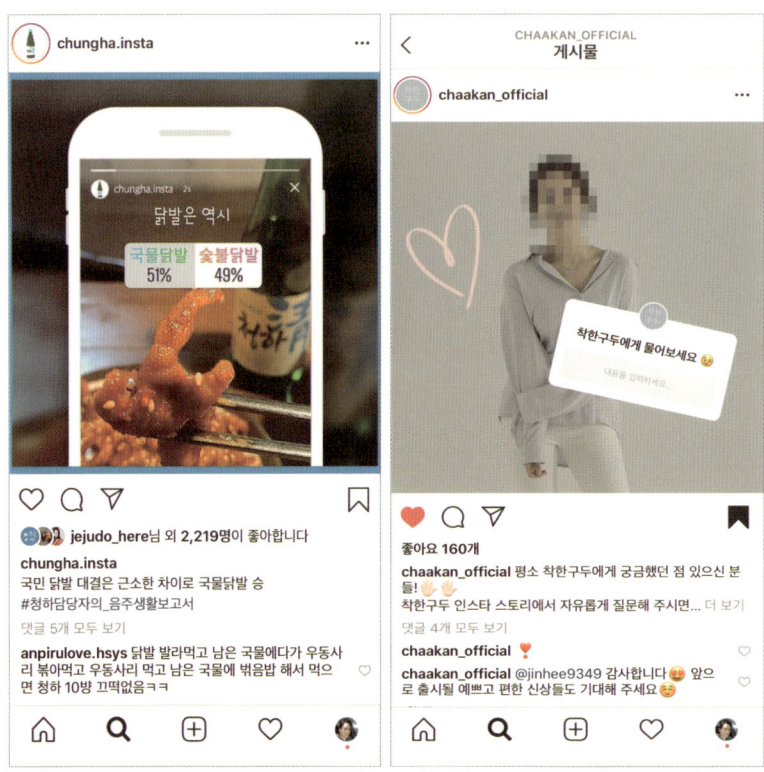

- 스토리에서 설문이나 질문을 활용하면 팔로워들의 흥미와 참여를 이끌어내기 쉽다.

3. 하이라이트 기능 적극 활용

중요한 스토리는 하이라이트로 지정해 프로필 상단에 고정해두자. 이로써 새로 유입된 팔로워도 지나간 중요한 콘텐츠를 한눈에 확인할 수 있다.

4. 실험과 분석 반복

다양한 형식의 스토리를 시도하고, 인사이트 기능을 통해 참여율과 이탈률을 분석해보자. 어떤 콘텐츠가 팔로워의 반응을 끄는지 파악해 향후 전략에 반영한다.

인스타그램 스토리 아이디어

다음은 인스타그램 공식 홈에서 소개한 다양한 활용 팁과 기능들을 중심으로 스토리 아이디어를 정리한 내용이다.

1. 추억 회상하고 공유하기

프레임 스티커, 사진 스티커, 갤러리 스티커, 레이아웃 기능을 활용해 주말이나 짧은 외출에서 찍은 사진을 구조적으로 정리하고 공유할 수 있다. 레이아웃 기능은 최대 6장의 이미지를 그리드로 정리할 수 있어 여행지, 카페, 자연 풍경 등 순간을 감각적으로 구성하는 데 효과적이다.

2. 음악으로 분위기 살리기

음악 기능을 활용하면 좋아하는 곡이나 감정을 표현하는 노래를 배경으로 설정할 수 있다. 선택한 곡은 회전하는 레코드 디자인으로 시각화되며, 팔로워가 '스크래치' 효과를 통해 인터랙션할 수 있다. 레코드 스타일은 다른 디자인으로도 변경 가능하다.

3. 트렌드에 참여하기

'직접 추가'(Add Yours) 템플릿을 통해 글로벌 혹은 지역 유행에 참여하거나 새로운 챌린지를 만들 수 있다. '나를 알아보는 퀴즈', '지난달 사진 공개', '특정 색상 찾기' 등은 스토리를 통해 실행 가능한 인기 아이디어다. 도구 모음의 '템플릿' 버튼을 통해 확인할 수 있다.

4. 그리기 도구로 개성 표현하기

브러시 도구를 사용해 사진에 하트, 별 등 손그림을 직접 그리거나 강조하고 싶은 부분을 둘러 강조할 수 있다. 감성을 시각적으로 표현해 스토리를 더욱 따뜻하고 인간적으로 연출할 수 있다.

5. 색상 선택 도구로 시각적 통일성 확보

색상 선택 도구(물방울 아이콘)를 통해 배경 이미지에서 추출한 색으로 텍스트나 강조 요소를 일관되게 설정한다. 예를 들어 저녁 하늘의 색이나 착장의 색조를 활용하면 스토리 전체에 조화를 부여할 수 있다.

8. 컷아웃 기능으로 유쾌한 밈 만들기

컷아웃 기능을 활용해 이미지에서 특정 인물이나 물체만 따로 잘라낸 스티커를 만들 수 있다. 이렇게 만든 스티커는 나중에도 다시 사용할 수 있으며, 영화 관람, 휴가, 농담 등 특정 테마로 밈 시리즈를 제작할 수 있다. 자동 또는 수동으로 컷아웃을 조정할 수 있어 자유도가 높다.

스토리는 더 이상 단발성 콘텐츠가 아니다. 일상 공유, 팔로워 소통, 브랜드 홍보 등 다양한 목적에 맞춰 전략적으로 활용하면 브랜드 친밀도와 인게이지먼트를 동시에 높일 수 있다. 꾸준하고 전략적인 스토리 활용을 통해 팔로워의 관심과 참여를 지속적으로 이끌어낼 수 있도록 노력하자.

인스타그램 동영상 활용하기: 릴스를 중심으로

　인스타그램에서 동영상은 사진보다 3배 이상의 참여도를 이끌어 낸다고 한다. 특히 짧고 임팩트 있는 동영상은 팔로워의 주목을 끌고, 탐색 탭과 릴스 피드에서 노출될 확률이 높다. 인스타그램 동영상은 주로 피드 동영상과 릴스로 나뉜다. 각각의 형식에 맞는 전략을 구사하면 도달률과 인게이지먼트를 극대화할 수 있다.

　릴스는 현재 인스타그램에서 가장 높은 도달률과 노출 우선순위를 자랑하는 콘텐츠 형식이다. 특히 릴스는 인스타그램의 추천 알고리즘에 의해 팔로워가 아닌 사용자에게도 노출된다. 팔로워가 적더라도 콘텐츠가 흥미롭고 인게이지먼트가 높으면 더 많은 사람에게 도달할 수 있다.

• 탐색 탭과 릴스 피드

    릴스는 '탐색 탭'과 '릴스 피드'에 우선 노출된다. 15초에서 90초 사이의 짧고 강렬한 영상은 시청자의 집중도를 높이고, 메시지를 빠르게 전달할 수 있다. 트렌디한 음원이나 밈(meme)을 활용하면 자연스럽게 바이럴될 가능성이 높다.

릴스 콘텐츠 아이디어 및 전략

릴스 콘텐츠 아이디어로는 무엇이 있을까?

하우투(How-to) 영상

짧지만 유용한 팁이나 노하우를 제공한다. 예를 들어 '여행 팁 3가지', '간단한 요리 레시피', '30초 안에 완성하는 아침메이크업' 등을 소개하면 저장 및 공유율이 높아진다.

비포 & 애프터

변화 과정을 시각적으로 보여주면 팔로워의 흥미를 끌 수 있다. 예를 들어 '방 꾸미기 전/후', '메이크업 전/후' 같은 비교 영상이 효과적이다.

챌린지 및 밈(Meme)

최신 트렌드에 맞춘 챌린지나 밈을 활용하면 빠르게 도달률을 높일 수 있다.

브랜드 스토리텔링

제품이나 서비스의 비하인드 스토리, 제작 과정, 브랜드 철학을 릴스 형식으로 자연스럽게 풀어낸다.

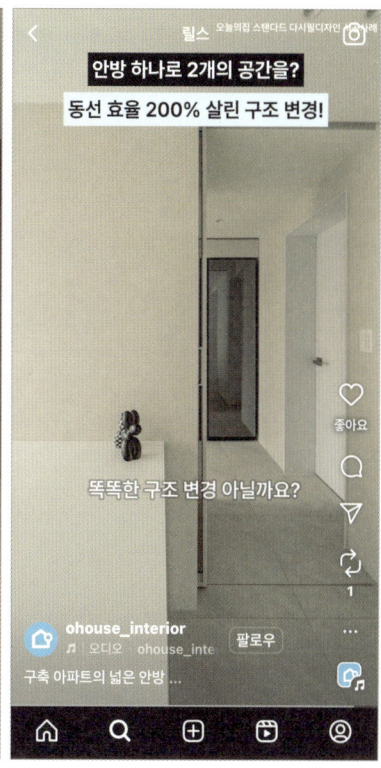

• 인스타그램 @ohouse_interior

　릴스를 효과적으로 제작하고 편집하기 위해서는 먼저 첫 3초에 시선을 사로잡아야 한다. 첫 3초 안에 흥미를 끌지 못하면 스크롤되어 버리기 때문에 강렬한 장면이나 호기심을 유발하는 문구로 시작한다. 메시지는 간결하고 강렬하게 전달한다. 복잡한 설명보다는 하나의 핵심 메시지가 좋다.

　자막과 텍스트를 활용해 음소거 상태에서도 메시지가 전달되도록 하고, 트렌디한 음원을 사용해 도달률을 높인다. 최신 인기 음원

- 릴스 제작 시 인기상승 음원

을 사용하면 릴스의 노출 우선순위가 상승한다. 릴스 제작 시 음원에 오른쪽 대각선 상향 화살표가 있는 음원이 인기음원이다. 최근에는 '인기상승' 탭이 생겨서 순위로 보여주기도 한다. 또 빠르고 깔끔한 전환 효과를 사용하면 시각적인 흥미를 유지할 수 있으며, 점프컷이나 줌 인/아웃 효과가 대표적이다. 릴스를 제작할 때는 다음의 사항을 명심하자.

- 첫 3초에 시선을 사로잡아라
- 메시지는 짧고 임팩트 있게
- 자막 및 텍스트 활용
- 음원 트렌드 따라잡기
- 영상 전환 효과

릴스 제작 워크플로우

1. 기획 단계

- 아이디어 발굴: 트렌드 분석 또는 팔로워 관심사 기반
- 스토리보드작성: 장면별 흐름과 대사, 텍스트 구성기획
- 필요 소품 준비: 제품, 배경도구, 의상 등
- 촬영장소선정: 자연광, 배경소음 등 고려

2. 촬영 단계

- 조명 설정: 링라이트, 자연광 등 사용
- 각도별 다중촬영: 다양한 샷 확보(정면, 측면, 클로즈업 등)
- 여분컷 확보: 실패 상황 대비용 컷 추가 촬영
- 음성 동기화 확인: 말과 자막, 배경음이 어긋나지 않도록 체크

3. 편집 단계

- 컷 편집: 중요 장면 중심으로 불필요 컷 제거
- 음악 삽입: 트렌드 음원, 분위기에 맞는 배경음악 선택
- 텍스트 추가: 정보 요약, 대사 자막 등 삽입-Vrew 또는 CapCut(유료) 사용 시 자동자막 가능
- 컬러 보정: 색감 통일 및 주제에 어울리는 톤 설정
- 최종 검토: 전체 흐름과 집중도 체크 후 저장

릴스를 통한 콜라보

릴스를 만들 때 여러 명의 공동 작업자를 초대할 수 있는데, 다른 사람들과 함께 릴스를 만들면 게시물을 보는 사람 수도 늘릴 수 있다. 릴스를 만들어 공유하기 전 '사람 태그'를 누른다. 그런 다음 '공동 작업자 초대'를 누른다. 이때 최대 5명까지 추가할 수 있다. 마지막으로 '공유'를 선택한다.

릴스 성공 사례

The New Yorker Cartoons(@newyorkercartoons)

뉴요커 카툰 계정은 릴스에 애니메이션 효과를 추가하여 짧고 유머러스한 콘텐츠를 제작하고 있으며, 틱톡과 유사한 짧고 강렬한 포맷으로 빠르게 확산되고 있다.

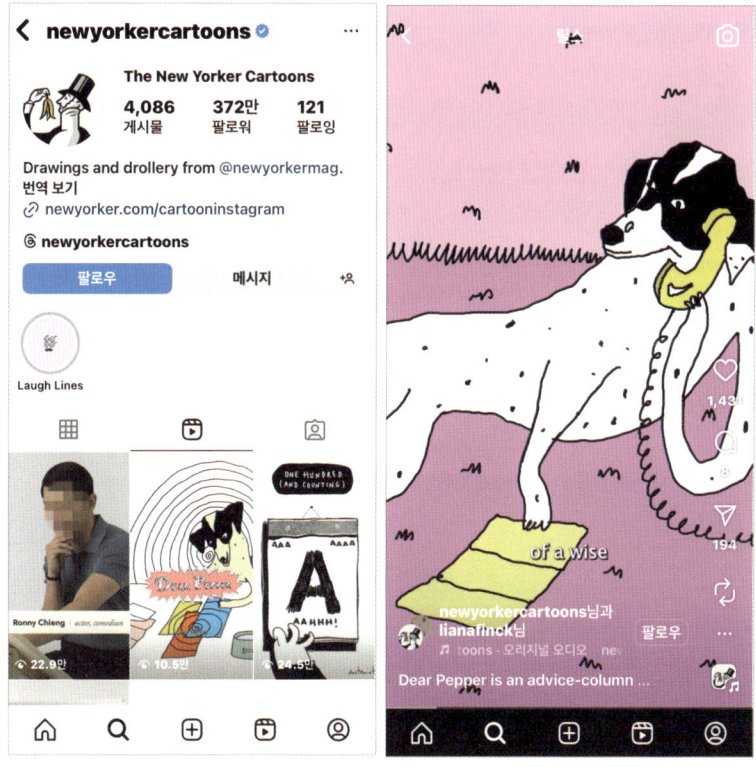

• The New Yorker Cartoons(@newyorkercartoons)

올포홈(@all_for_home)

아기침구 등을 판매하는 올포홈의 대표님 계정으로 공식 계정과 다르게 아이 엄마나 주부들을 위한 실용적인 인테리어 꿀팁, 정리 꿀팁, 침실정리 및 살림 경험을 영상을 통해서 공유하고 있다. 전체적으로 부드러운 느낌의 톤앤매너와 함께 실용적인 꿀팁으로 인해 수많은 영상 조회수가 댓글, 공유 등을 확인할 수 있다.

- 올포홈(@all_for_home)

양상철(@800dossi)

캠핑 키친웨어 브랜드 800도씨의 대표님 계정으로 신제품 소식, 이벤트 등을 최신 유행하는 밈 등을 활용해서 유쾌하게 영상으로 풀어낸다. 채널의 디엠 기능을 활용하여 할인을 받을 수 있도록 영상과 캡션에서 콜 투 액션을 잘 활용하고 있다.

- 양상철(@800dossi)

코스메쉐프(@cosmechef.suhyang)

제품의 사용법과 효과를 짧고 임팩트 있는 릴스로 소개해 팔로워의 관심을 끌었다. 비포 & 애프터 비교 영상이 특히 인기가 많았다.

- 코스메쉐프(@cosmechef.suhyang)

성수주민폴씨(@paulseee)

성수동 팝업스토어 현장을 릴스로 생생하게 보여주어 현장감을 전달했고, 트렌디한 음악과 빠른 전환 효과를 사용해 젊은층에게 큰 호응을 얻었다.

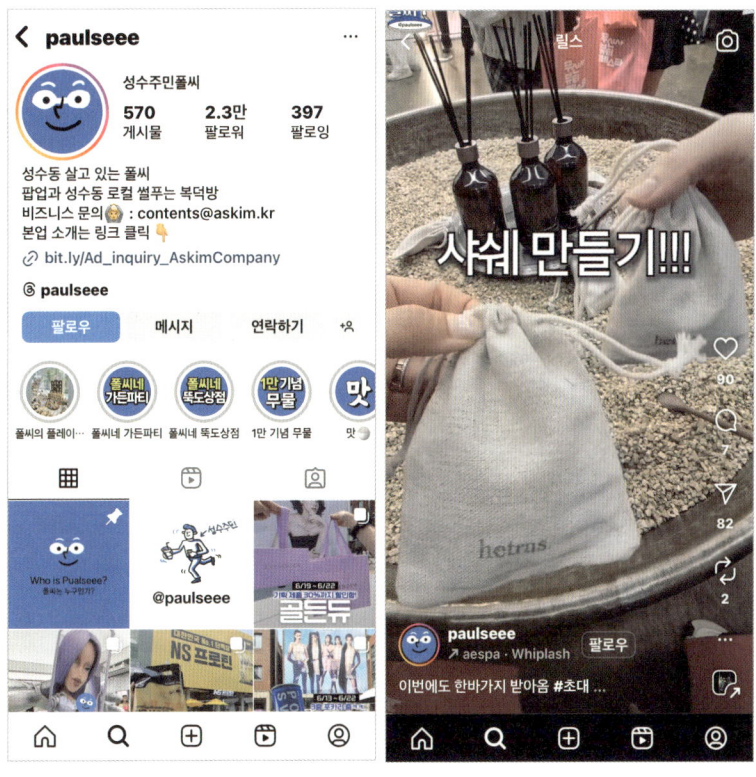

• 성수주민폴씨(@paulseee)

더비랩(@theblab_official)

브랜드 철학과 제품 스토리를 감성적으로 풀어낸 릴스를 통해 브랜드 인지도를 높였다. 음악과 스토리텔링의 조화가 강렬한 인상을 남겼다.

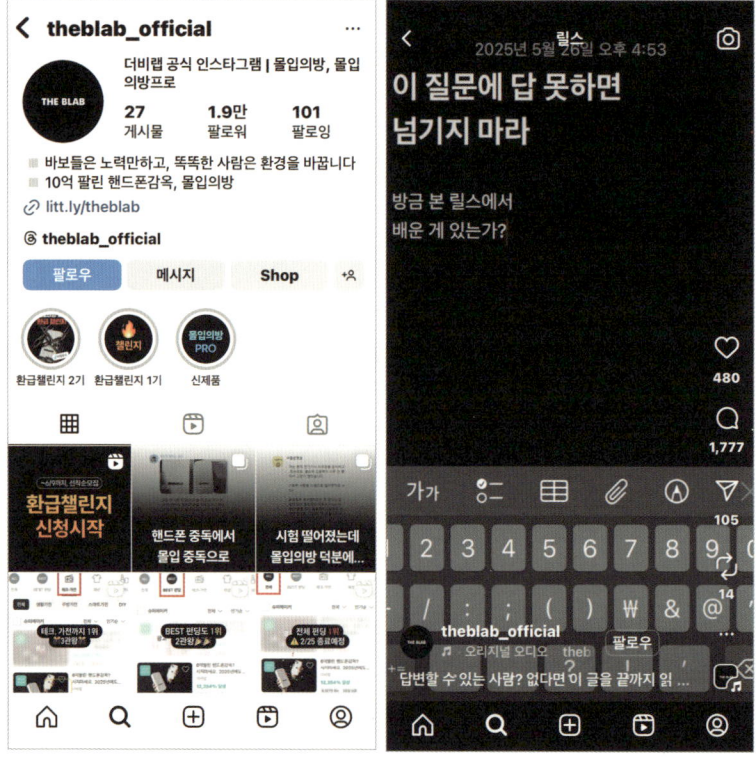

- 더비랩(@theblab_official)

El Rey Court(@elreycourt)

1936년에 지어진 엘 레이 코트(El Rey Court)는 미국 뉴멕시코주 샌타페이 중심가에 자리한 호텔이다. 계정은 9:16 화면 비율의 세로 방향 동영상을 촬영해 릴스에 최적화했으며, 동영상에 이미지를 사용하는 특별한 방식으로 관심을 사로잡았다.

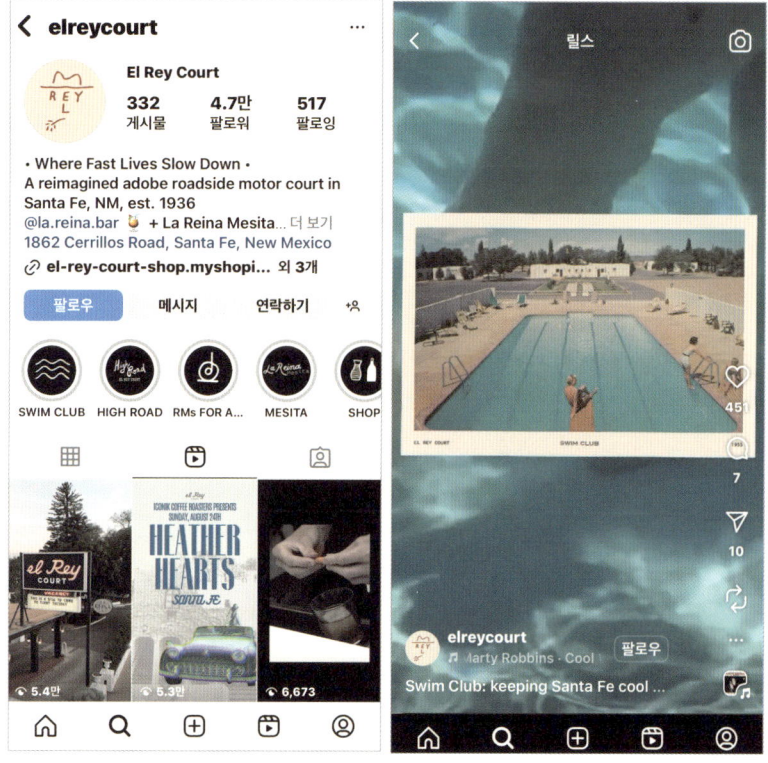

• El Rey Court(@elreycourt)

인물이 등장하는 릴스

메타 크리에이티브 센터에서 약 220만 개의 글로벌 페이스북 및 인스타그램 릴스 광고를 분석한 결과 사람이 등장하는 릴스 광고는 그렇지 않은 광고에 비해 클릭률(CTR)이 25% 높았다고 한다. 동영상에 사람을 등장시키면 잠재 고객이 비즈니스에 더 친근하게 다가갈 수 있기 때문이다. 본인이나 다른 팀원, 대변인이나 고객을 동영상에 등장시켜서 브랜드의 스토리를 설득력 있게 전달해보자.

릴스는 인스타그램에서 가장 강력한 성장 동력이다. 트렌디한 음원, 강렬한 첫 3초, 짧고 임팩트 있는 메시지, 그리고 일관된 업로드 주기를 통해 릴스 마케팅에 도전해보자.

동영상 편집 앱 비교하기

동영상 콘텐츠의 중요성이 커지면서 편집 도구의 선택이 마케팅 성과에 직접적인 영향을 미치고 있다. 특히 짧고 강렬한 릴스와 스토리를 효과적으로 제작하기 위해서는 사용하기 쉽고 강력한 편집 도구를 활용해야 한다.

대표적인 동영상 편집 앱 비교

인스타그램 마케팅에서 가장 많이 사용되는 동영상 편집 앱은

CapCut, VLLO, VITA 등이다. 각 앱의 주요 특징, 장단점, 비용을 비교하면 다음과 같다.

• 대표적인 동영상 편집 앱

어플 이름	CapCut	VLLO	VITA
주요 특징	다양한 필터와 효과, AI 기반 편집 도구, 크로마키 지원	간편한 편집 인터페이스, 다양한 스티커와 텍스트, GIF 삽입 가능	다양한 템플릿과 필터, 간편한 자막 기능, 고해상도 영상 지원
장점	기본 기능 무료 제공, 직관적인 인터페이스, 워터마크 없음	초보자 친화적, 광고 없음, 워터마크 없음	사용하기 쉬운 인터페이스, 다양한 무료 콘텐츠, 워터마크 없음
단점	일부 고급 기능 유료화 (프리미엄 효과, 고급 필터 등)	일부 고급 기능은 유료, 무료 버전에서는 기능제한	일부 기능은 제한적, 광고 존재
비용	기본 무료, 프리미엄 월 $5.99, 연 $39.99	월 $11.99, 연 $39.99	무료

인스타그램 동영상 편집 앱 EDITS

Edits는 인스타그램이 새롭게 출시한 동영상 제작 앱으로, 크리에이터들이 손쉽게 고품질의 동영상을 제작할 수 있도록 지원한다. 특히 릴스와 스토리에 최적화된 기능을 제공하며, 아이디어 구상부터

• 인스타그램의 새로운 동영상 제작 앱 Edits

편집, 공유까지의 과정을 간소화하여 콘텐츠 제작 시간을 획기적으로 단축할 수 있다. 주요 기능을 정리해보면 다음과 같다.

- 고품질 카메라: 해상도, 프레임 속도, 다이내믹 레인지 등의 설정을 조정하여 최대 10분 길이의 고해상도 영상을 촬영할 수 있다.
- 강력한 편집 도구: 그린스크린, 동영상 오버레이, AI 애니메이션, 자동 캡션 생성 등 다양한 편집 기능을 제공한다.
- 협업 및 공유: 다른 크리에이터와 초안을 공유하고, 인스타그램에 직접 게시하며, 실시간 분석 대시보드를 통해 성과를 모니터링할 수 있다.
- 워터마크 없음: 내보낸 동영상에 워터마크가 추가되지 않아 깔끔한 콘텐츠 제작이 가능하다.

Edits는 현재 iOS 앱스토어와 구글플레이어에서 다운받을 수 있다. Edits를 활용하면 짧고 강렬한 릴스와 스토리 콘텐츠를 손쉽게 제작하고, AI 기반의 편집 도구로 고품질의 영상을 제작할 수 있다. 아직 CapCut만큼의 다양한 편집 기능이 있지 않고 한글 폰트 적용이 되지 않는 점이 있지만, 개인적으로 초보자가 무료로 편집하기에는 충분하가도 생각된다.

인스타그램 마케팅에서 동영상 콘텐츠의 중요성이 점점 커지고 있다. 특히 릴스와 스토리 중심의 콘텐츠 전략을 구사하기 위해서는 적절한 편집 도구와 최신 기능을 활용하는 것이 필수다. CapCut, VLLO,

VITA와 같은 인기 앱과 인스타그램의 Edits를 활용하면 보다 효율적이고 강렬한 동영상 콘텐츠를 제작할 수 있을 것이다.

PART 5

성공을 부르는
인스타그램 실험실

팔로워 늘리기 프로그램, 정말 효과 있을까?

팔로워 늘리기 프로그램은 인위적으로 팔로워 수를 늘리는 방식이다. 주로 팔로워 구매, 봇(Bot)을 통한 자동 좋아요·댓글·팔로우, 팔로워 교환 등의 형태로 운영된다. 이러한 프로그램은 단기간에 팔로워 수를 급격히 증가시킬 수 있지만, 다음과 같은 문제점이 있다.

인게이지먼트 저하
인위적으로 늘어난 팔로워는 콘텐츠에 관심이 없거나, 가짜 계정일 확률이 높다. 이로 인해 좋아요, 댓글, 공유 등의 인게이지먼트가 현저히 낮아지며, 이는 인스타그램 알고리즘에 부정적인 영향을 미친다.

계정 정지 및 노출 제한

인스타그램은 인위적인 팔로워 증가를 감지하면 계정을 일시적으로 정지시키거나, 노출을 제한할 수 있다. 특히 봇 사용은 인스타그램 정책 위반으로 간주되어 계정이 영구 정지될 위험이 있다.

신뢰도 하락

팔로워 수는 많지만 인게이지먼트가 낮은 계정은 팔로워에게 신뢰감을 주지 못한다. 브랜드 협업 시에도 부정적인 영향을 미칠 수 있다.

팔로워 늘리기 프로그램보다는 유기적인 방법으로 팔로워를 늘리는 것이 장기적으로 더 효과적이다. 유용한 콘텐츠를 꾸준히 업로드하고, 릴스와 스토리를 적극 활용하며, 팔로워와의 소통을 강화하는 것이 올바른 성장 방법이다.

상위노출 실험
'좋아요' vs. '댓글 + 맞댓글'

　인스타그램에서 상위노출을 위한 가장 강력한 요소는 인게이지먼트다. 특히 '좋아요'보다는 '댓글 + 맞댓글'이 더 큰 영향을 미치는 것으로 나타났다. 인스타그램 알고리즘은 '좋아요' 수보다는 사용자 간의 상호작용을 더 중요하게 평가한다. 댓글과 맞댓글은 사용자가 콘텐츠에 더 깊이 관여하고 있다는 신호로 인식되며, 이는 상위노출에 긍정적인 영향을 미친다.

실험 결과 및 분석

A/B 테스트

동일한 콘텐츠를 '좋아요'만 유도한 경우와 '댓글 + 맞댓글'을 유도한 경우로 나누어 테스트해본 결과, 댓글 + 맞댓글을 유도한 경우 도달률이 35% 증가하고, 노출량이 50% 이상 높아졌다.

- '좋아요'만 유도한 게시물: 도달률 15%, 노출량 20,000회
- '댓글 + 맞댓글' 유도 게시물: 도달률 50%, 노출량 30,000회

댓글+맞댓글이 많을수록 알고리즘이 이를 긍정적으로 평가해 상위노출이 되었으며, 팔로워가 아닌 사용자에게도 도달률이 크게 증가했다.

'좋아요'만 받을 때

'좋아요'가 많아지면 일시적으로 노출이 증가하지만, 인게이지먼트가 지속적으로 유지되지 않으면 금방 도달률이 감소한다. 특히 '좋아요'만 있는 콘텐츠는 사용자의 피드에 노출되더라도 상호작용이 적어 상위노출이 어렵다.

댓글 + 맞댓글 조합

댓글과 맞댓글(게시자의 답글)이 많을수록 인스타그램은 해당 게시물이 더 많은 상호작용을 이끌어낸다고 판단해 상위노출이 된다. 특히 맞댓글의 속도와 질문형 댓글이 상위노출에 긍정적인 영향을 미친다.

최적화 전략

질문형 캡션이나 토론을 유도하는 콘텐츠로 댓글 참여를 유도하고, 빠르게 맞댓글을 달아 대화를 이어가는 전략이 효과적이다. 이를 위해서 댓글 알림 설정을 통해 댓글이 달리자마자 맞댓글을 다는 방법이 있다.

또 친밀한 팔로워에게 먼저 댓글을 요청하거나, 팔로워를 태그해 의견을 물어보는 방식으로 적극적인 참여를 유도할 수 있다.

'댓글 + 맞댓글' 전략은 단순한 '좋아요' 수에 의존하지 않고, 실질적인 상호작용을 이끌어내어 상위노출을 극대화할 수 있는 강력한 전략이다. 특히 질문형 캡션, 논쟁 유도, 맞댓글 속도 등의 전략을 결합하면 도달률과 노출량을 극대화할 수 있다.

'좋아요' 숨기기의 영향

네이버 블로그에서는 '좋아요' 수를 숨긴 계정이 팔로워들의 다양한 피드백을 유도한다는 경향을 보였다고 한다. '좋아요' 수가 보이지 않을 때 팔로워들이 댓글이나 공유를 통해 더 적극적으로 소통하려는 경향을 나타낸다. 이를 인스타그램에도 적용해 '좋아요' 수를 숨기는 기능을 활용하여 팔로워들이 수치에 얽매이지 않고, 콘텐츠 자체에 집중하도록 유도할 수 있다.

인스타그램 실험실
해시태그와 포스팅 시간

　인스타그램은 끊임없이 변화하고 있으며, 새로운 기능이 추가될 때마다 콘텐츠 노출 방식과 알고리즘도 변화한다. 따라서 성공적인 인스타그램 마케팅을 위해서는 끊임없는 실험과 분석이 필요하다. 인스타그램 실험실은 새로운 기능, 해시태그 전략, 콘텐츠 형식 등을 테스트하고 그 효과를 분석함으로써 가장 효과적인 방법을 찾아내는 과정이다.

해시태그 실험

해시태그는 인스타그램에서 콘텐츠 노출과 팔로워 유입에 중요한 역할을 한다. 그러나 너무 일반적인 해시태그는 경쟁률이 높아 오히려 노출이 어려울 수 있다. 니치 해시태그와 브랜드 해시태그를 전략적으로 사용하면 도달률을 높일 수 있다.

니치 해시태그는 특정한 관심사나 세부 주제를 겨냥한 해시태그로, 비교적 검색량이 적었지만 타깃층이 명확하다. 예를 들어 #성수동카페, #비건베이킹, #1인브랜드와 같은 해시태그는 대중적인 해시태그보다 경쟁이 덜하며, 참여율이 높은 팔로워에게 도달하기 유리하다. 특히 계정 성장 초기 단계에서 니치 해시태그를 활용하면 공감대를 형성하고 충성도 높은 팔로워를 확보하는 데 도움이 된다.

브랜드 해시태그는 특정 브랜드나 캠페인, 제품명 등으로 만드는 고유 해시태그다. 브랜드 인지도를 높이고, 팬층과의 연결고리를 만드는 데 활용된다. 예를 들어 #오피스룩은_매그제이, #황캡틴인스타파워업 같은 해시태그는 브랜드 메시지를 담고 있다. 이런 고유 해시태그를 만들어 팔로워가 참여하도록 유도하면 브랜드 인지도를 자연스럽게 높일 수 있다.

포스팅 시간대 실험

게시물을 언제 업로드하느냐에 따라 도달률과 인게이지먼트가 크게 달라진다. 인스타그램 인사이트를 활용해 팔로워가 가장 활발히 활동하는 시간대를 분석하고, 해당 시간에 게시물을 업로드하면 노출 빈도와 참여율이 증가한다.

출퇴근 시간(7~9시, 18~20시)은 사용자들이 스마트폰을 자주 확인하는 시간대로, 도달률이 가장 높았다. 점심시간(12~13시)에는 짧은 영상이나 가벼운 콘텐츠가 높은 참여도를 기록했으며, 저녁 시간(21~23시)에는 감성적인 콘텐츠나 긴 글이 높은 반응을 얻었다.

실험과 분석을 통해 개선하기

인스타그램 마케팅에서 중요한 것은 '나에게 맞는 전략'을 찾기 위한 꾸준한 실험과 분석이다. 단순히 정해진 방식대로 운영하는 것이 아니라, 내 계정에 가장 잘 맞는 방법을 찾기 위해 다양한 시도를 하는 것이 필요하다.

우선 동일한 콘텐츠를 서로 다른 시간대에 업로드하거나 해시태그 조합만 다르게 구성해 A/B 테스트를 진행한다. 이를 통해 어떤 시간대와 어떤 해시태그 조합이 더 높은 반응을 이끄는지 확인할 수 있다.

또한 인스타그램 인사이트를 분석해 도달률, 노출, 저장, 공유, 댓글 수 등의 데이터를 확인한다. 반응이 좋은 콘텐츠와 전략은 유지하거나 확대하며, 반응이 저조한 콘텐츠는 과감히 수정한다. 데이터를 기반으로 판단하면 전략의 객관성과 효율성을 높일 수 있다.

무엇보다 중요한 것은 주기적인 실험이다. 인스타그램 알고리즘은 지속적으로 변화하기 때문에 일정한 간격으로 새로운 콘텐츠 형식, 주제, 해시태그 등을 시도하며 전략을 조정해 나가야 한다.

부록

2025년 최신 인스타그램 트렌드와 기능 업데이트

인스타그램은 끊임없이 변화하며 새로운 기능과 트렌드를 선보이고 있다. 특히 2025년 현재, 인스타그램은 더욱 정교해진 알고리즘과 강화된 쇼핑 기능, 릴스 중심의 콘텐츠 전략 등으로 진화하고 있다. 이번 부록에서는 2025년 최신 트렌드와 기능 업데이트를 정리하여 인스타그램 마케팅에 실질적인 도움을 주고자 한다.

최신 인스타그램 알고리즘 트렌드

2025년 인스타그램 알고리즘은 관계 중심의 소통과 반복 시청률을 핵심 요소로 삼고 있다. 단순히 '좋아요'나 '댓글' 수가 많은 게시물보다 일관된 소통과 높은 반복 시청률을 기록하는 콘텐츠를 더 많이 노출시킨다.

반복 시청률의 중요성

릴스와 동영상 콘텐츠가 반복 시청될수록 알고리즘이 이를 '흥미롭고 매력적인 콘텐츠'로 평가해 더 많은 사용자에게 노출한다. 첫 3초 안에 강렬한 후킹 포인트를 배치하고, 자막과 빠른 전환을 활용해 반복 시청률을 높이는 전략이 필요하다.

관계 중심의 소통 강화

댓글, 맞댓글, DM을 통해 일관되게 소통하는 계정을 긍정적으로 평가한다. 특히 맞댓글이 빠르고 내용이 구체적일수록 알고리즘이 이를 활발한 소통으로 인식하여 노출 우선순위가 높아진다.

스토리와 릴스의 상호작용 강화

릴스를 스토리와 연계해 노출을 극대화할 수 있다. 릴스 예고편을 스토리로 공유하거나, 스토리 하이라이트에 릴스를 저장해 장기적으로 노출시키는 전략이 효과적이다.

2025년 최신 기능 업데이트

릴스 전용 광고 포맷

인스타그램은 릴스의 인기를 반영해 릴스 전용 광고 포맷을 도입했다. 짧고 강렬한 광고를 통해 도달률을 극대화할 수 있으며, 반복 시청률이 높아질수록 광고 효율이 더욱 높아진다.

AI 기반 맞춤형 피드 추천

AI 알고리즘이 사용자의 관심사를 예측하고, 이에 맞춘 콘텐츠를 추천 피드에 노출한다. 이를 활용해 타깃팅된 마케팅 전략을 구사할 수 있으며, 개인화된 피드를 통해 맞춤형 콘텐츠를 제공할 수 있다.

원클릭 쇼핑 기능 강화

릴스와 스토리에서도 바로 제품을 구매할 수 있는 '원클릭 쇼핑' 기능이 추가되었다. 특히 릴스에서 제품 태그를 활용해 쇼핑으로 연결하면 구매 전환율이 높아진다.

최신 트렌드 반영한 콘텐츠 전략

짧고 강렬한 릴스 콘텐츠

15초 이내의 짧고 임팩트 있는 콘텐츠가 가장 높은 도달률과 참여도를 기록하고 있다. 강조하지만 첫 3초 안에 호기심을 자극하는 후킹 포인트를 배치하고, 빠른 전환과 자막을 활용해 몰입도를 높인다.

UGC(사용자 생성 콘텐츠) 활용

팔로워가 직접 제작한 콘텐츠를 공유하거나, 브랜드 해시태그를 통해 UGC를 수집하여 신뢰도와 참여도를 동시에 높이는 전략이 효과적이다.

커뮤니티 중심의 소통 강화

팔로워 증가하는 것보다 커뮤니티를 형성하고, 팔로워와 적극적으로 소통하는 계정이 더 높은 참여율과 충성도를 얻고 있다. 라이브 방송과 스토리 Q&A를 활용해 실시간 소통을 강화한다.

인공지능(AI) 기반 콘텐츠 제작

AI 기반의 콘텐츠 제작 도구가 인기를 끌고 있다. 텍스트 자동 생성, 이미지 및 동영상 편집 자동화 등 AI를 활용한 콘텐츠 제작이 트렌드다. 시간과 비용을 절감할 기회를 놓치지 말자.

최신 인사이트 분석 및 활용법

2025년 인스타그램 인사이트는 더욱 정교해졌다. 특히 릴스 인사이트에서는 반복 시청률, 시청 완료율, 공유 수 등의 세부 데이터가 추가되었으며, 이를 분석해 콘텐츠 전략을 더욱 구체화할 수 있다.

반복 시청률 및 시청 완료율 분석

반복 시청률이 높은 콘텐츠 스타일을 분석하고, 이를 반영한 릴스를 제작해 도달률과 참여도를 극대화한다.

저장 및 공유 분석

저장과 공유가 많은 콘텐츠 유형을 분석해, 팔로워가 유용하다고 느끼는 콘텐츠를 더 자주 제작한다.

도달률 및 노출 분석

어떤 해시태그가 가장 높은 도달률을 기록했는지 확인하고, 효과적인 해시태그 전략을 수립한다.

인스타그램 마케팅 참고 자료 및 추천 도구

　인스타그램 마케팅을 효과적으로 수행하기 위해서는 다양한 도구와 참고 자료를 활용해야 한다. 특히 콘텐츠 제작, 인사이트 분석, 예약 게시, 이미지 및 영상 소스 확보 등 여러 분야에서 전문 도구들을 사용하면 시간과 비용을 절약하면서도 높은 퀄리티의 콘텐츠를 제작할 수 있다. 다음은 인스타그램 마케팅에 유용한 추천 도구와 참고 사이트다.

콘텐츠 제작 및 편집 도구

Canva(canva.com)

사용하기 쉬운 디자인 도구로, 인스타그램 게시물, 스토리, 릴스 등 다양한 콘텐츠 템플릿을 제공한다. 텍스트 오버레이, 애니메이션 효과, 브랜드 컬러 통일화 기능을 활용해 전문적인 디자인을 손쉽게 제작할 수 있다.

CapCut(capcut.com)

모바일 환경에 최적화된 영상 편집 도구로, 릴스 및 짧은 영상 콘텐츠를 쉽게 제작할 수 있다. 트렌디한 필터, 자막 삽입, 배경 음악 추가 등 다양한 편집 기능을 제공한다.

InShot(inshot.com)

동영상 및 사진 편집 도구로, 자막, 배경 음악, 필터, 스티커 등을 활용해 감각적인 콘텐츠를 제작할 수 있다.

VN Video Editor(vlognow.me)

고급 편집 기능을 갖춘 무료 영상 편집 도구로, 크로마키, 멀티 레이어 편집, 비율 조정 등의 기능을 제공해 릴스를 전문적으로 제작할 수 있다.

콘텐츠 일정 관리 및 예약 게시 도구

Later(later.com)

인스타그램, 페이스북, 트위터 등 소셜 미디어 콘텐츠를 한 곳에서 관리하고 예약 게시할 수 있다. 해시태그 분석 및 링크 인 바이오 기능을 통해 도달률을 극대화할 수 있다.

Planoly(planoly.com)

인스타그램 피드 미리보기 기능과 예약 게시 기능을 제공한다. 이를 통해 피드 디자인을 미리 구성하고, 일관성 있는 브랜드 이미지를 유지할 수 있다.

Buffer(buffer.com)

여러 소셜 미디어 플랫폼에 게시물을 예약하고 분석할 수 있으며, 인스타그램 스토리 예약 기능도 지원한다.

인사이트 분석 및 소셜 미디어 관리 도구

Hootsuite(hootsuite.com)

인스타그램을 포함한 여러 소셜 미디어의 인사이트를 분석하고, 게시물 관리 및 예약 기능을 제공한다. 경쟁사 분석 및 키워드 모니터링 기능도 유용하다.

Sprout Social(sproutsocial.com)

인스타그램 인사이트를 분석하고, 팔로워의 행동 패턴 및 참여율을 정밀하게 파악할 수 있다. 브랜드 인지도를 높이는 캠페인 관리에도 적합하다.

Iconosquare(iconosquare.com)

인스타그램 및 페이스북 인사이트 분석에 특화된 도구로, 상세한 데이터 분석과 경쟁사 비교 기능을 제공한다.

무료 이미지 및 영상 소스

Pexels(pexels.com)

고퀄리티의 무료 이미지 및 동영상을 제공하며, 상업적 사용도 가능하다.

Unsplash(unsplash.com)

다양한 주제의 고해상도 이미지를 무료로 다운로드해 사용할 수 있다.

Pixabay(pixabay.com)

이미지, 영상, 일러스트, 음원 등 다양한 미디어 소스를 무료로 제공한다.

무료 음원 사이트

Pixabay Music(pixabay.com/music)

저작권 문제없이 릴스나 영상 콘텐츠에 사용할 수 있는 무료 음원을 제공한다.

Bensound(www.bensound.com)

상업적 용도로 사용할 수 있는 고퀄리티 음원을 제공하며, 다양한 장르의 음악을 무료로 다운로드할 수 있다.

Mixkit(mixkit.co)

무료 음악 및 효과음을 제공하며, 영상 편집에 최적화된 음원을 쉽게 찾을 수 있다.

기타 유용한 참고 사이트

AnswerThePublic(answerthepublic.com)

키워드 관련 질문과 검색어 트렌드를 분석해 콘텐츠 아이디어를 얻을 수 있다.

BuzzSumo(buzzsumo.com)

인기 있는 콘텐츠를 분석하고 트렌드를 파악해 효과적인 콘텐츠 주제를 선정할 수 있다.

Google Trends(trends.google.com)

실시간 검색 트렌드를 확인하고, 관심 있는 주제의 인기도 변화를 분석할 수 있다.

인스타그램 마케팅 참고 자료와 추천 도구들을 활용해 콘텐츠 제작, 일정 관리, 인사이트 분석까지 효율적으로 관리해보자. 특히 최신 트렌드에 맞는 도구를 활용하면 콘텐츠의 퀄리티를 높이고, 마케팅 성과를 극대화할 수 있을 것이다.

아무나 쉽게 성공하는
인스타그램 마케팅

초판 1쇄 발행 2025년 7월 3일
초판 3쇄 발행 2025년 11월 3일

지은이 황규진
펴낸곳 원앤원북스
펴낸이 오운영
경영총괄 박종명
기획편집 최윤정 김형욱 이광민
디자인 윤지예 이영재
기획마케팅 문준영 박미애
디지털콘텐츠 안태정
등록번호 제2018-000146호(2018년 1월 23일)
주소 04091 서울시 마포구 토정로 222 한국출판콘텐츠센터 319호 (신수동)
전화 (02)719-7735 | **팩스** (02)719-7736
이메일 onobooks2018@naver.com | **블로그** blog.naver.com/onobooks2018
값 20,000원
ISBN 979-11-7043-651-5 03320

※ 잘못된 책은 구입하신 곳에서 바꿔 드립니다.
※ 이 책은 저작권법에 따라 보호받는 저작물이므로 무단 전재와 무단 복제를 금지합니다.
※ 원앤원북스는 독자 여러분의 소중한 아이디어와 원고 투고를 기다리고 있습니다.
원고가 있으신 분은 onobooks2018@naver.com으로 간단한 기획의도와 개요, 연락처를 보내주세요.